Ellen Fein, Sherrie Schneider
Die besten Regeln,
den Mann fürs Leben zu finden

Zu diesem Buch

Männer sind Jäger und begehren nur stolzes Wild! Hier legen Ellen Fein und Sherrie Schneider ihre besten Regeln vor. Machen Sie sich rar! Keinesfalls schon vorsorglich zwei Kinokarten kaufen, und nach dem Mittwoch keine Einladung mehr für den Samstag annehmen! Das alles hat Ihnen schon Ihre Großmutter gepredigt? Tja, die Rezepte funktionieren immer noch. Wenn Sie also sicher sind, den ehetauglichen Märchenprinzen vor sich zu haben, greifen Sie ungeniert zu den Regeln, die sich bewährt haben!

Ellen Fein, zwei Kinder, lebt auf Long Island.
Sherrie Schneider, verheiratet, freie Journalistin, lebt in New Jersey. Mit ihrem Buch »The Rules« landeten die Autorinnen nicht nur in Amerika einen Bestsellererfolg.

Ellen Fein, Sherrie Schneider
Die besten Regeln, den Mann fürs Leben zu finden

Aus dem Amerikanischen von
Ursula Buntspecht und Renata Platt

Piper München Zürich

Der vorliegende Band basiert auf Ellen Feins und Sherrie Schneiders Büchern »Die Kunst, den Mann fürs Leben zu finden« (SP 2461) und »Die *neue* Kunst, den Mann fürs Leben zu finden« (SP 2702).

Von Ellen Fein und Sherrie Schneider liegen in der Serie Piper außerdem vor:
Die Kunst, den Mann fürs Leben zu finden (2461)
Die *neue* Kunst, den Mann fürs Leben zu finden (2702)

Originalausgabe
Oktober 2001
© 1995, 1997 Ellen Fein, Sherrie Schneider
© der deutschsprachigen Ausgaben:
1996, 1998, 2001 Piper Verlag GmbH, München
Umschlag: Büro Hamburg
Isabel Bünermann, Meike Teubner
Umschlagfoto: Mauritius
Satz: Uwe Steffen, München
Druck und Bindung: Clausen & Bosse, Leck
Printed in Germany   ISBN 3-492-23451-8

Inhalt

Kapitel I

Wie dieses Buch entstand

Offenbar erinnert sich niemand genau daran, wie es mit den hier beschriebenen »Kunstgriffen« anfing, aber wir glauben, es war um 1917, als Melanies Großmutter in einem kleinen Vorort von Michigan nervöse junge Männer im Wohnzimmer von Melanies Elternhaus warten ließ. Damals hieß das »die Männer zappeln lassen«. Wie man es auch nennen mochte – jedenfalls hatte Melanie mehr Heiratsangebote als Schuhe. Ihre Großmutter gab ihr Wissen an Melanies Mutter weiter und diese wiederum an Melanie. Fast ein Jahrhundert lang wurde es in der Familie gehütet wie ein Schatz. Doch als Melanie 1981 heiratete, legte sie ihren ledigen Studienfreundinnen und Arbeitskolleginnen die altmodischen Ratschläge ans Herz, darunter auch uns.

Anfangs erzählte Melanie nur im Flüsterton von den *Regeln*. Schließlich spricht eine moderne Frau nicht laut über ihre Heiratswünsche. Wir hatten bislang davon geträumt, Chefin einer großen Firma zu werden und nicht etwa die Ehefrau des Chefs. Also erzählten wir die *Regeln* hinter vorgehaltener

Hand unseren Freundinnen weiter und schämten uns dabei ein bißchen, weil sie, na ja, weil sie so sehr an die fünfziger Jahre erinnerten. Aber Hand aufs Herz: So stolz wir darauf waren, im Berufsleben unsere Frau zu stehen, war das für die meisten von uns eben doch nicht alles. Wie schon unsere Mütter und Großmütter wünschten auch wir uns Ehemänner, die gleichzeitig unsere besten Freunde waren. Im Grunde unseres Herzens sehnten wir uns nach einer romantischen Hochzeit mit Brautkleid, Blumen, Geschenken, Flitterwochen – kurz, mit dem ganzen Drum und Dran. Unsere Unabhängigkeit wollten wir zwar nicht aufgeben, bei unserer Rückkehr abends vom Büro aber auch keine leere Wohnung vorfinden. Wer sagte denn, daß wir nicht alles auf einmal haben konnten?

Falls Sie die *Regeln* für eine Schnapsidee halten – keine Sorge, uns ging es anfangs genauso. Aber nach wiederholtem Liebeskummer gelangten wir zu der Einsicht, daß die *Regeln* keineswegs unmoralisch oder überholt sind, sondern lediglich eine schlichte Mustersammlung von Verhaltensweisen und Reaktionen, die – bei strenger Einhaltung – die meisten Frauen in den Augen der begehrten Männer unwiderstehlich machen. Warum es nicht zugeben? Den Frauen der neunziger Jahre mangelt es ganz einfach an gewissen Grundkenntnissen. Dieses Buch zeigt ihnen, wie sie den Mann fürs Leben finden oder in der Männerwelt zumindest gut ankommen.

Bald schon wurden wir kühner und sprachen offen darüber. Diese *Regeln* – sie funktionierten tatsächlich! Sie wirkten zwar altmodisch und unerbittlich, waren aber äußerst wirkungsvoll!

Anfangs hatten wir Vorbehalte gegen einige Leitsätze, weil sie scheinbar all das Lügen straften, was man uns über das Mann-Frau-Verhältnis beigebracht hatte, aber – und daran ist nicht zu rütteln – der Erfolg sprach für sich. Wir warfen also unsere vorgefaßten Meinungen über Bord, hielten uns getreu an diese Ratschläge und erlebten mit, wie viele von uns heirateten (ob Karrierefrau oder nicht).

Wir bildeten eine Art Untergrundbewegung, teilten das Wissen um eine Zauberformel, gaben sie weiter und taten, was Frauen seit Entstehung der Welt getan haben: Wir verbündeten uns, um gemeinsam erfolgreicher zu sein. Diesmal jedoch waren die Einsätze höher und die Siege süßer als bei jedem Geschäftsabschluß. Wir reden von der Ehe, von einer richtigen, haltbaren Ehe, nicht von einer lieblosen Fusion, und diese Ehe ist das Ergebnis dieser einfachen Grundsätze, die uns die Kunst lehren, den Mann fürs Leben zu finden.

Über all die Jahre haben wir sie, zu Hause oder im Büro, an andere Frauen weitergegeben. Über all die Jahre haben Frauen bei uns angerufen, um sich über den einen oder anderen Punkt Gewißheit zu verschaffen: »Wie war das noch? Soll die Frau das Rendezvous beenden oder der Mann? Ich habe es vergessen.«

Dann, bei einem Abendessen in einem Chinarestaurant von Manhattan, zu dem wir uns mit ein paar alleinstehenden Freundinnen getroffen hatten, kam Cindy auf gewisse »Regeln« zu sprechen, von denen ihr eine Freundin in Kalifornien erzählt hatte. Kein Zweifel, es waren dieselben, mit deren Hilfe eine von uns in New York einen wundervollen Ehemann gefunden hatte. Sie hatten im Zickzack das Land durchkreuzt, waren von Frau zu Frau, von Dorf zu Stadt weitergetragen worden, um hier, bei Frühlingsrollen in Manhattan, zu uns zurückzugelangen!

Nur hatte die Sache einen Haken: Cindy hatte sie mißverstanden.

»In den *Regeln* heißt es doch, daß der Mann die Verabredung beenden soll, damit er denkt, daß er das Ruder in der Hand hat«, sagte Cindy.

»Nein, nein, nein! Falsch! Die *Regeln* besagen, du sollst das Rendezvous beenden, damit sein Verlangen nach dir noch größer wird«, erklärten wir ihr.

An diesem Abend beschlossen wir, den Regelkatalog niederzuschreiben, damit es zu keinen Mißverständnissen mehr kam.

Kapitel II

Was sind die *Regeln*?

Wie oft haben Sie schon jemanden sagen hören: »Sie ist nett, hübsch und klug. Warum ist sie nicht verheiratet?« Waren damit vielleicht Sie selbst gemeint? Haben Sie sich je gefragt, wie manche Frauen, auch wenn sie weder sonderlich hübsch noch gescheit sind, es schaffen, die Männer scheinbar mühelos um den Finger zu wickeln?

Offengestanden fällt es den meisten Frauen in unserem Bekanntenkreis leichter, in eine andere·Stadt zu ziehen, den Beruf zu wechseln oder bei einem Marathon mitzulaufen, als einen Mann zum Heiraten zu finden. Wenn Ihnen das bekannt vorkommt, dann sind Sie die richtige Leserin für diesen provokativen Ratgeber!

Was enthält er? Nichts weiter als eine Anleitung für Frauen, wie sie sich Männern gegenüber verhalten sollen, um das Herz ihres Traummannes zu erobern. Klingt zu schön, um wahr zu sein? Auch wir waren anfangs skeptisch. Lesen Sie weiter!

Ziel ist es, Ihren Traummann verrückt nach Ihnen zu machen, indem Sie für ihn unerreichbar sind.

Mit anderen Worten: Wir spielen das Spiel »Ich bin schwer zu kriegen!« Er wird Sie dann nicht nur heiraten wollen, sondern verrückt nach Ihnen sein – für immer.

Wenn Sie sich an diesen Grundsatz halten, können Sie sicher sein, daß Ihr Mann Sie wie eine Königin behandeln wird – selbst wenn er böse auf Sie ist. Warum? Weil er so viel Zeit darauf verwandt hat, Sie zu erobern. Sie sind für ihn etwas so Kostbares, daß er Angst hat, Sie zu verlieren. Er denkt ständig an Sie. Er ist Ihr bester Freund, Ihr Fels in der Brandung in stürmischen Zeiten. Er ist gekränkt, wenn Sie ihn *nicht* an Ihren Problemen teilhaben lassen. Er ist immer für Sie da – ob Sie einen neuen Job annehmen oder ins Krankenhaus müssen. Er möchte sogar in Alltagsdinge miteinbezogen werden und zum Beispiel die neue Tagesdecke mit Ihnen zusammen aussuchen. Er möchte alles mit Ihnen *gemeinsam* machen.

Solange Sie die *Regeln* einhalten, brauchen Sie sich keine Sorgen zu machen, daß er anderen Frauen nachsteigt, weder Ihrer überaus attraktiven Nachbarin noch seiner vollbusigen Sekretärin. Er wird Sie nämlich für die Frau mit dem größten Sexappeal auf Erden halten. Sie brauchen keine Angst zu haben, daß er Sie verläßt, vernachlässigt oder links liegenläßt.

Eine Bekannte von uns, die sich an die *Regeln* gehalten hat, ist jetzt mit einem wunderbaren Mann verheiratet, und er käme nicht einmal auf die Idee, sie alleinzulassen, damit er sich mit seinen Kumpels treffen kann. Im Gegenteil, er wird sogar ein bißchen eifersüchtig, wenn sie auf eigene Faust etwas unternimmt. Außerdem sind die beiden richtig gute Freunde.

Männer sind anders als Frauen. Frauen, die Männer anrufen, mit ihnen ausgehen wollen, vorsorglich zwei Eintrittskarten für eine Veranstaltung kaufen oder schon beim ersten Treffen mit einem Mann ins Bett gehen wollen, machen den männlichen Jagdtrieb und Ehrgeiz zunichte. Männer sind dazu geboren, sich an Herausforderungen zu messen. Nimmt man ihnen die Herausforderung, schwindet ihr Interesse. Dies ist, auf einen Nenner gebracht, das Grundprinzip der *Regeln*: Wir müssen für sie zur Herausforderung werden.

Bei der Lektüre dieses Buches mögen Ihnen die *Regeln* allzu berechnend vorkommen, und Sie fragen sich vielleicht: »*Wie* schwer zu kriegen soll ich denn sein? Darf ich ihm abends nie etwas kochen oder ihn ins Theater einladen? Und was ist, wenn ich Lust habe, mit ihm zu reden? Darf ich ihn dann nicht anrufen? Wann darf ich persönliche Dinge über mich preisgeben?«

Die Antwort heißt: Lesen Sie unsere *Regeln*. Befolgen Sie sie von A bis Z (nicht à la carte), und Sie werden es nicht bereuen. Kennen wir nicht alle

Frauen, die ihren Ehemännern nicht recht trauen und immer eine gewisse Unsicherheit mit sich herumtragen? Manche von ihnen suchen sogar einen Therapeuten auf, um mit seiner Hilfe dahinterzukommen, warum ihre Männer ihnen gegenüber so unaufmerksam sind. Mit diesem Buch sparen Sie DM 150 Honorar für jede Sitzung beim Therapeuten.

Natürlich fällt es Ihnen bei Männern, an denen Sie nicht sonderlich interessiert sind, leicht, die *Regeln* anzuwenden. Solche Männer rufen Sie sowieso nicht an, Sie rufen sie auch nicht sofort zurück und schicken ihnen keine Liebesbriefe. Ihre Gleichgültigkeit führt nicht selten dazu, daß gerade diese Männer verrückt nach Ihnen werden und nicht lockerlassen, bis Sie einen von ihnen geheiratet haben. Das liegt daran, daß Sie (ohne sich dessen bewußt zu sein) die *Regeln* angewandt und die Männer Ihnen einen Heiratsantrag gemacht haben!

Aber dieses Buch will Sie nicht dazu anhalten, sich mit einer minderwertigen Lösung zufriedenzugeben. Sie sollen die Ratschläge bei dem Mann anwenden, hinter dem Sie wirklich her sind. Das erfordert Mühe, Geduld und Selbstbeherrschung. Aber ist das die Sache etwa nicht wert? Warum sollten Sie einen Kompromiß eingehen und jemanden heiraten, der Sie zwar liebt, von dem Sie selbst aber nicht wirklich angetan sind? Wir kennen viele Frauen, die sich in diesem

Dilemma befinden. Aber keine Sorge, dieses Buch wird dafür sorgen, daß Sie Ihren Traummann heiraten – und keinen anderen!

Ihre Aufgabe ist es nun, den Mann, für den Sie wirklich entflammt sind, so zu behandeln wie einen Mann, an dem Sie kein großes Interesse haben. Rufen Sie ihn nicht an, machen Sie sich rar. Beherzigen Sie das von Anfang an, vom ersten Tag, nein, von der Sekunde an, in der Sie ihm begegnen – oder sollten wir vielleicht lieber sagen, von der Sekunde an, in der er *Ihnen* begegnet? Je geschickter Sie die *Regeln* von Anfang an einsetzen, desto mehr wird er auf Sie fliegen.

Fragen Sie sich immer: »Wie würde ich mich verhalten, wenn ich nicht besonders an ihm interessiert wäre?« Und dann handeln Sie dementsprechend. Würden Sie jemanden, den Sie nicht wirklich mögen, immer wieder ermutigen? Würden Sie mit ihm stundenlang telefonieren? Natürlich nicht!

Machen Sie sich keine Sorgen, daß es ihn abschrecken könnte, wenn Sie sehr beschäftigt sind oder nur wenig Interesse für ihn zeigen. Die Männer, die Sie nicht mögen, rufen doch auch immer wieder an, obwohl Sie ihnen einen Korb nach dem anderen geben, oder nicht?

Vergessen Sie nicht: Die *Regeln* sollen Ihnen nicht zu irgendeinem Mann verhelfen, der Sie anbetet und

Ihnen einen Antrag macht, sondern zu Ihrem Traummann, dem Mann fürs Leben.

Wir verstehen, warum manch eine moderne, karriereorientierte Frau über unsere Ratschläge die Nase gerümpft hat. Als studierte Betriebswirtinnen beispielsweise sind sie darauf geschult, die Dinge selbst in die Hand zu nehmen und dabei die Karriere nicht aus den Augen zu verlieren. Die Beziehung zu einem Mann ist jedoch etwas anderes als ein Job. In einer Beziehung muß der Mann die Sache in die Hand nehmen. Er muß den Antrag machen. Er ist – und das haben wir nicht etwa erfunden – biologisch gesehen der Angreifer.

Andere Frauen beklagen sich darüber, die *Regeln* würden es ihnen verwehren, sie selbst zu sein oder Spaß zu haben. »Warum soll ein Rendezvous in Arbeit ausarten?« fragen einige. Aber wenn sie dann am Samstag abend alleine herumsitzen, kommen sie doch wieder auf uns zu und sagen: »Okay, okay, sagt mir, was ich tun soll.«

In Ihrem eigenen Interesse ist es nicht immer das Beste, das zu tun, wozu Sie Lust haben. Bei einem Bewerbungsgespräch legen Sie ja auch nicht alle Karten auf den Tisch. Wenn Sie ernsthaft abnehmen wollen, essen Sie keinen Kuchen. Und genauso unklug ist es, sich selbst die Zügel schießen zu lassen, wenn Sie mit einem Mann ausgehen.

Auf lange Sicht bringt es Ihnen nichts, gegen die *Regeln* zu verstoßen. Zum Schluß stehen Sie womöglich allein da. Denken Sie an die Zukunft. Stellen Sie sich einen Ehemann vor, den Sie lieben, harmonischen Sex, Kinder, eine Partnerschaft und das Älterwerden mit einem Menschen, der überzeugt ist, mit Ihnen das große Los gezogen zu haben!

Denken Sie daran, an Samstagabenden nie mehr allein sein oder Ihre verheirateten Freunde anrufen zu müssen, damit sie Sie aufmuntern. Sehen Sie sich als Paar! Bedauerlicherweise muß das Vergnügen in den ersten Monaten Ihrer Beziehung ein wenig zurückstehen, wenn Sie den Ehesegen erlangen wollen. Aber hat es Sie jemals weitergebracht, das Herz auf der Zunge zu tragen?

Zu diesem Thema gibt es jede Menge Bücher und Theorien. Alle machen wunderbare Versprechungen, aber unsere *Regeln* führen zu tatsächlichen Ergebnissen. Sie selbst wissen immer, wie die Dinge stehen, wenn Sie sich an die Regeln halten. Wenn er Sie anruft, Sie umwirbt und mit Ihnen ausgehen will, dann läuft alles nach Plan. Wenn Sie sich aber Entschuldigungen für sein Verhalten ausdenken müssen – zum Beispiel hat er nach Ihrem ersten Treffen nicht angerufen, weil er noch immer an seiner Exfreundin hängt – und jedes Wort abklopfen, das er gesagt hat, bis Sie verzweifeln und ihn dann doch anrufen, dann stimmt etwas nicht. Vergessen Sie seine Probleme – ob er nun »Bindungsangst« hat oder »noch nicht bereit ist für eine neue Beziehung«. Denken Sie daran: Dieses Buch ist keine Therapieanleitung. Wenn er Sie anruft und mit Ihnen ausgehen will, dann haben Sie das unseren Regeln zu verdanken.

Kapitel III

Eine Frau, die sich an die Regeln hält

Wenn Sie Melanie je kennengelernt hätten, hätten Sie sie nicht als außergewöhnlich hübsch oder klug oder sonst irgendwie besonders empfunden, aber Ihnen wäre vielleicht aufgefallen, daß sie Männern gegenüber eine Art hatte, mit der sie jede Ballkönigin in den Schatten stellte. Melanie machte das Beste aus sich: Sie schminkte sich gekonnt, kleidete sich gut und machte sich rar. Im Gegensatz zu anderen, hübscheren jungen Frauen, die den Männern nachliefen oder jederzeit verfügbar waren, gab Melanie sich gleichgültig – bald zurückhaltend, bald verbindlich –, aber sie war immer *gutgelaunt und sehr beschäftigt*. Sie erwiderte die Anrufe ihrer Verehrer nicht, starrte die Männer nicht an (was todsicher dazu führt, daß sie das Interesse verlieren, siehe *Regel Nummer 3*) und beendete Telefongespräche immer als erste. »Ich habe noch tausend Sachen zu erledigen« war ihre liebste Schlußformel. Melanies Freund machte schließlich dem Mädchen einen Heiratsantrag, von dem er geglaubt hatte, er würde es nie kriegen: ihr!

Wer ist Melanie noch nicht begegnet? Haben wir nicht alle Frauen kennengelernt, die in unseren Augen wie Expertinnen mit Männern umgingen? Solche Frauen lassen sich von Männern offenbar nicht aus der Ruhe oder aus dem Tritt bringen. Sie legen ein Selbstbewußtsein an den Tag, das nichts mit ihrem Aussehen oder ihrem Job zu tun hat. Diese Melanies fühlen sich einfach *wohl* in ihrer Haut, sie können Männer haben oder verschmähen, und das wiederum hat zur Folge, daß die Männer sie unbedingt haben wollen. Nennen Sie es angewandte Psychologie oder wie Sie wollen – fest steht, daß Frauen wie Melanie immer den Mann kriegen, auf den sie es abgesehen haben.

Wenn Sie einer Melanie begegnen, noch dazu einer vom unscheinbaren oder sogar unansehnlichen Typus, dann möchten Sie doch am liebsten zu ihr hingehen und sie fragen: »Wie machst du das nur, daß dir die Männer nachlaufen? Was ist dein Geheimnis? Was mache *ich* falsch?« Die ursprüngliche Melanie würde wahrscheinlich kurzentschlossen antworten: »Oh, da gibt es kein Geheimnis.« Die wiedergeborenen Melanies – Frauen, die ihre Lektion gelernt haben, nachdem sie sich bei ihrer Jagd auf Männer die Finger verbrannt hatten – würden vermutlich sagen: »Ja, da gibt es ein Geheimnis. Männer lieben die Herausforderung. Sprich sie nie zuerst an, behaupte ab und zu, du seist beschäftigt, und gib ihnen gelegentlich einen Korb – aber auf nette Art!«

Wo Sie auch hingehen, Sie werden überall auf Melanies stoßen. Beobachten Sie sie aufmerksam. Achten Sie darauf, wie sie aus ihrer Selbstbeherrschung und Eigenständigkeit eine Kunst gemacht haben. Frauen wie Melanie versuchen nicht gierig, den Blick eines Mannes einzufangen. Sie sagen nicht als erste hallo. Sie kümmern sich um ihre eigenen Angelegenheiten.

Es wäre sicherlich eine gute Übung, wenn Sie sich beim nächsten gesellschaftlichen Anlaß ein wenig im Hintergrund hielten und die Melanies und »Regelmißachterinnen« beobachteten. Vergleichen Sie, wie diese beiden Frauentypen mit Männern umgehen, und achten Sie auf das Ergebnis. Sie werden feststellen, daß die Melanies nicht für alle Fälle einen Kugelschreiber mit sich herumtragen, um den Männern ihre Telefonnummer aufschreiben zu können, und daß sie nicht sofort ihre Visitenkarte zücken. Achten Sie darauf, wie die Melanies im Raum herumschlendern, während die »Regelmißachterinnen« zu lange mit ängstlicher Miene am selben Fleck stehen oder sich zu lange mit einem Mann unterhalten. Sie machen es den Männern zu einfach, sich mit ihnen zu verabreden – und das ist, wie Sie in diesem Buch lesen werden, ein großer Fehler.

Nachdem wir jahrelang mit angesehen hatten, wie Frauen vom Typ Melanie uns die Traummänner vor der Nase wegschnappten, fragten wir Melanie eines Tages, wie ihr selbst ihr »guter Fang« gelungen sei. Sie hatte Mitleid mit uns und klärte uns auf. Sie sagte, wir seien zwar nett, redeten aber zuviel, seien übereifrig bei der Sache und begingen den Irrtum, für die Männer wie ein Kamerad sein zu wollen, statt wie ein flatterhafter Schmetterling oder, wie sie sich ausdrückte, »anders als alle anderen« (siehe *Regel Nummer 1*).

Wir brauchen wohl nicht extra zu erwähnen, daß wir gekränkt waren und die *Regeln* für ausgemachten Schwindel und Betrug hielten. Sie würden uns Frauen um fünfundzwanzig Jahre zurückwerfen. Was würden die Feministinnen dazu sagen? Auf der anderen Seite hatte Melanie, was wir uns wünschten: den Mann ihrer Träume, der sie auf Händen trug. Es erschien uns also ratsam, noch mal über unsere verletzten Gefühle nachzudenken.

Melanie versicherte uns, daß unscheinbare Frauen, die sich an die *Regeln* hielten, größere Chancen hätten, eine glückliche Ehe zu führen, als bildschöne Frauen, die sich nicht daran hielten. Als wir auf die Geschichte unseres eigenen Liebeslebens zurückblickten, stellten wir fest, daß die Männer, auf die wir es wirklich abgesehen hatten, es nicht unbedingt auch

22

auf uns abgesehen hatten. Wir hatten uns natürlich verhalten, waren freundlich und hilfsbereit gewesen, und sie hatten uns prima gefunden – aber dabei war es auch geblieben. Bei längerem Nachdenken ging uns auf, daß dagegen die Männer, um die wir uns nicht sonderlich gekümmert, denen wir kaum Beachtung geschenkt, denen wir vielleicht sogar die kalte Schulter gezeigt hatten, uns pausenlos angerufen hatten und verrückt nach uns gewesen waren. Daraus zogen wir den Schluß: Wir mußten die Männer, die wir *wollten*, wie Männer behandeln, die wir *nicht* wollten.

Klang einfach, war es aber nicht. Aber was hatten wir schon zu verlieren? Wir wollten haben, was Melanie hatte. Also taten wir, was sie getan hatte – und es klappte!

Kapitel IV

Doch zuerst einmal geht es um – Sie!

Bevor Sie die *Regeln* anwenden, um das beste, schier unerreichbare Ergebnis zu erzielen – Ihr Traummann macht Ihnen einen Heiratsantrag –, müssen Sie selbst das Beste aus sich herausholen. Sie müssen nicht zu einem perfekten Menschen oder einer Schönheit werden, sondern eben nur das Beste aus sich machen ...

Bringen Sie Ihr Äußeres auf Vordermann! Je besser Sie aussehen, desto besser fühlen Sie sich, und desto begehrenswerter werden Sie für ihn. Möglicherweise werden auch andere Männer Sie attraktiver finden und mit Ihnen ausgehen wollen. Sie haben also nicht länger das Gefühl, der Mann, mit dem Sie derzeit befreundet sind, sei der einzige Mann auf Erden. Sie werden nicht mehr so unsicher und dafür selbstbewußter sein. Und wenn Sie gut aussehen und sich gut fühlen, ist die Wahrscheinlichkeit geringer, daß Sie gegen die *Regeln* verstoßen.

Wir sind zwar keine Ernährungsfachleute, aber wir wissen, daß Sie sich gut fühlen, wenn Sie das Richtige essen, also Proteine, Obst und Gemüse, und daß bei gymnastischen Übungen Endorphine freigesetzt werden, die Ihr Wohlbefinden ihrerseits steigern und Ihre Tatkraft stärken. Deshalb raten wir Ihnen als Ergänzung zu einer gesunden Ernährung dringend dazu, Ihre müden Knochen mal richtig durchzuschütteln. Werden Sie Mitglied in einem Fitneßstudio, kaufen Sie sich ein Gymnastikvideo, oder gehen Sie in einem nahe gelegenen Park joggen (nebenbei ein idealer Ort, um Männer kennenzulernen, die ebenfalls joggen oder ihren Hund ausführen). Lockern Sie die Gymnastik auf, indem Sie Musik hören, während Sie Ihre Sit-ups machen.

Ernährungsweise, Gymnastik und unsere Regeln haben vieles gemeinsam. Bei allen stehen die langfristigen Ziele über kurzfristigen Erfolgen. Es wird Ihnen zwar lästig sein, wenn Sie keine Kekse essen oder einen bestimmten Mann nicht anrufen dürfen. Aber Sie wollen fit werden, und Sie wollen heiraten, und deshalb werden Sie tun, was zu tun ist. Freunden Sie sich mit einer Frau an, die sich in der gleichen mißlichen Lage befindet, gehen Sie zusammen joggen und tanzen, und helfen Sie sich gegenseitig, diszipliniert zu bleiben. Sie müssen dieses harte Stück Arbeit nicht allein machen!

Suchen Sie ernsthaft einen Mann, müssen Sie Ihre Definition von Genuß ändern. Es ist schön, wenn ein Mann Sie anruft, Ihnen den Hof macht, Sie fragt, ob Sie ihn heiraten wollen. Nicht aber ein Becher Vanilleeis mit Karamelsauce oder ein heißer Flirt, bei dem Sie gegen die *Regeln* verstoßen.

Wenn Sie an sich selbst arbeiten, wird Ihnen das helfen, sich einen Mann zu angeln und ihn an Sie zu binden. Also bemühen Sie sich, Ihre schlechten Gewohnheiten wie zum Beispiel Unordentlichkeit abzulegen, wenn Sie mit einem Mann zusammenleben wollen. Männer mögen ordentliche, adrette Frauen. Sie sind die besseren Mütter für Ihre gemeinsamen Kinder und gehören nicht zu dem Schlag Frauen, die ihre Kleinen am Strand verlieren.

Nun ein paar Worte zur Garderobe. Sollten Sie in alten Klamotten herumlaufen, weil Sie die Ansicht vertreten, es kommt nicht auf das Äußere an, sondern auf das, was in einem Menschen steckt, dann überdenken Sie das lieber noch einmal. Männer mögen es, wenn Frauen modische, verführerische Kleider in leuchtenden Farben tragen. Warum ihnen diesen Gefallen nicht tun?

Wenn Sie kein Modebewußtsein haben, lesen Sie *Cosmopolitan*, *Vogue*, *Elle* oder *Marie Claire* und einschlägige Bücher; konsultieren Sie eine Freundin, deren Geschmack Sie schätzen; oder lassen Sie sich in einem guten Geschäft beraten. Wenn Sie in einer Umkleidekabine allein Kleider anprobieren, kann dies reichlich frustrierend sein – zum Beispiel, wenn Sie ein paar Pfunde zuviel haben –, und deshalb ist es immer gut, eine zweite Meinung zu hören. Warum also nicht einen Fachmann hinzuziehen? Eine einfühlsame Verkäuferin kann Ihnen dabei helfen, Kleider zu finden, die Ihnen gut stehen und Ihre Schwachstellen kaschieren – im Gegensatz zu Kleidern, die vielleicht gerade in Mode sind, Ihnen aber ganz und gar nicht schmeicheln.

Vergessen Sie beim Einkaufen nie, daß Sie einzigartig sind, anders als alle anderen, *eine Frau*. Finger weg von Unisex-Klamotten! Kaufen Sie weibliche Garderobe, die Sie nicht nur am Wochenende, sondern auch unter der Woche tragen. Denken Sie daran, daß Sie sich für die Männer anziehen, nicht für andere Frauen, und bemühen Sie sich deshalb stets um ein feminines Äußeres.

Obwohl es gut ist, mit der Zeit Schritt zu halten, sollten Sie nicht zu einer Modesklavin werden. Geben Sie nicht ein Monatsgehalt für Trompetenhosen und Plateauschuhe aus, nur weil sie in diesem Jahr en vogue sind. Es kann durchaus sein, daß sie in der nächsten Saison schon nicht mehr »in« sind, und außerdem – und das ist viel wichtiger – stehen sie Ihnen vielleicht überhaupt nicht! Wir kennen Frauen, die sich auf eine bestimmte Mode eingeschossen – ob es nun Herrenanzüge sind oder übergroße Häkelpullover – und sich einfach nur nach dem neuesten Trend ausstaffiert haben, ohne dabei ein bißchen sexy zu wirken. Kaufen Sie mit Köpfchen ein, und werfen Sie das Geld nicht zum Fenster hinaus! Legen Sie sich ein paar klassische Teile zu, und kombinieren Sie sie mit preiswerteren Sachen.

Bedenken Sie: Nur weil etwas in Mode ist, heißt es noch lange nicht, daß es Ihnen steht oder den Männern gefällt. Männer können dem »Schlabber-look« nicht unbedingt etwas abgewinnen und mögen es auch nicht, wenn Frauen lange Omakleider mit Kampfstiefeln tragen, auch wenn diese Aufmachung gerade noch so beliebt ist. Sie sehen Frauen gern in femininen Kleidern. Tragen Sie kurze Röcke (allerdings nicht zu kurze), sofern Sie die Beine dazu haben.

Reden Sie sich aber nicht ein, daß Sie Designer-klamotten tragen müssen, um in der Männerwelt anzukommen. Männern ist es egal, welche Marke Sie tragen; für sie zählt nur, wie Sie in den Kleidern aussehen und was für eine Figur Sie darin machen. Besser also, Sie kaufen eine unbekannte Marke, in der Sie umwerfend aussehen und die Ihre breiten Hüften kaschiert, als Designerware, bei der das nicht der Fall ist.

Wenn Sie in einem Warenhaus einkaufen, schauen Sie in der Kosmetikabteilung vorbei, und gönnen Sie sich eine Schminkberatung. Wir alle können mehr aus uns machen. Viele von uns ahnen gar nicht, welche Möglichkeiten in uns stecken, bis wir uns von einer Fachkraft schminken lassen, was im übrigen oft gratis angeboten wird, sofern man eine Kleinigkeit kauft. Achten Sie darauf, welche Farben Ihnen gut stehen und wie die Kosmetikerin sie aufträgt. Kaufen Sie sämtliche Artikel, zu denen sie Ihnen rät, sofern Sie sie sich leisten können, gehen Sie nach Hause, und üben Sie sich im Schminken. Verlassen Sie nie ohne Make-up das Haus. Tragen Sie sogar beim Joggen Lippenstift!

Tun Sie alles nur erdenklich Mögliche, um sich von Ihrer schönsten Seite zu zeigen. Wenn Ihnen Ihre Nase nicht gefällt, lassen Sie sie operieren; färben Sie graues Haar; lassen Sie Ihr Haar wachsen. Männer mögen langes Haar lieber, weil sie damit herumspielen können und es den Frauen schmeichelt. Geben Sie nichts auf die Meinung Ihrer Friseuse und Ihrer Freunde! Auf die wollen Sie bestimmt keinen Eindruck machen! Wir wissen doch alle, daß Friseure ihren Kunden gern flotte Kurzhaarfrisuren aufschwatzen, weil sie keine Lust haben, sich mit langem Haar abzumühen. Es kommt nicht darauf an, ob sich kurzes Haar einfacher waschen und schneller trocknen läßt oder ob Ihr Haar sehr dünn ist. Der springende Punkt ist: Wir sind Frauen und wollen nicht wie Männer aussehen!

Es wird Ihnen leichterfallen, sich anders als alle

anderen zu fühlen, wenn Sie rundum gepflegt sind. Maniküre, Pediküre, Gesichtsmasken und Massagen sollten für Sie zu einer festen Einrichtung werden. Und wenn Sie ausgehen, vergessen Sie nicht, ein betörendes Parfum aufzulegen – aber übertreiben Sie es nicht.

Jetzt müssen Sie nur noch Ihr Verhalten auf Ihr Äußeres abstimmen. Männer mögen Frauen, die sich auch als solche benehmen – selbst wenn sie ihre eigene Firma leiten. Lassen Sie ihn die Tür öffnen. Seien Sie feminin und nicht zynisch. Seien Sie kein vorlautes, hysterisches Mädchen, das sich übermütig auf die Schenkel klopft. Das können Sie im Kreis Ihrer Freundinnen tun. Aber wenn Sie mit einem Mann zusammen sind, an dem Ihnen etwas liegt, seien Sie ruhig und geheimnisvoll, benehmen Sie sich wie eine Dame, schlagen Sie die Beine übereinander, und lächeln Sie. Reden Sie nicht soviel. Tragen Sie dünne schwarze Seidenstrumpfhosen, und ziehen Sie den Rock ein Stückchen hoch, um Ihr Gegenüber zu verführen. Vielleicht empfinden Sie diese Ratschläge als beleidigend für Ihre Intelligenz oder als unzumutbar für Ihr lebhaftes Wesen. Sie mögen den Eindruck gewinnen, als dürften Sie sich nicht so geben, wie Sie wirklich sind, aber Männer lieben das!

Seien Sie also nicht launisch oder selbstmitleidig, und erzählen Sie keine endlosen, verschachtelten

Geschichten über all die Menschen, von denen Sie verletzt oder enttäuscht worden sind. Drängen Sie Ihren Zukünftigen nicht in die Rolle Ihres Erlösers oder Therapeuten. Im Gegenteil, tun Sie so, als wären Sie schon glücklich auf die Welt gekommen. Geben Sie nicht alles von sich preis. Sagen Sie danke und bitte. Probieren Sie das damenhafte Verhalten an Kellnern, Hausmeistern und Taxifahrern aus. Dann fällt es Ihnen bei einem Rendezvous leichter, sich wie eine Dame zu benehmen.

Wenn Sie Männer nicht zufällig kennenlernen, gehen Sie überall hin, wo etwas los ist – zum Tanzen, auf Tennisturniere (auch wenn Sie selbst nicht Tennis spielen), in den Club Med. Mischen Sie sich unter Leute, zeigen Sie sich! Setzen Sie eine Bekanntschaftsanzeige in die Zeitung, antworten Sie auf derartige Annoncen, bitten Sie Bekannte, Sie »an den Mann zu bringen«. Schrecken Sie nicht vor Veranstaltungen für Singles zurück, nach dem Motto: Männer, die dorthin gehen, sind sowieso nicht mein Typ. Vergessen Sie nicht, daß Sie kein Rudel von Männern nach Ihrem Geschmack finden müssen, sondern nur einen einzigen! Verlieren Sie das nie aus dem Blick. Es wird Sie auch an schlechten Tagen, wenn Sie davon überzeugt sind, daß Sie die wahre Liebe nie erleben werden, auf Trab bringen!

Und zu guter Letzt: Vertrauen Sie all diesen Maßnahmen. Es kann passieren, daß Sie nicht sofort einen Ehemann finden, nachdem Sie Ihre Figur auf Vordermann gebracht, ein paar schicke Klamotten gekauft und unsere Ratschläge an drei geeigneten Kandidaten ausprobiert haben. Vielleicht ist Ihre Zeit einfach noch nicht gekommen. Aus Erfahrung wissen wir jedoch: Wenn Sie sich unter allen Umständen an die *Regeln* halten und Geduld haben, werden Sie schließlich dem Mann Ihrer Träume begegnen und ihn heiraten.

Regel Nummer 1

Seien Sie anders als alle anderen

Anders als alle anderen zu sein ist eine Geisteshaltung. Sie müssen dazu weder reich noch schön, noch außergewöhnlich intelligent sein. Und Sie müssen auch nicht mit diesem Gefühl geboren sein. Man kann es erlernen, üben und verinnerlichen wie alle anderen Regeln in diesem Buch.

Dieses Gefühl ist wirklich reine Einstellungssache, und es ruft ein Selbstbewußtsein und eine Ausstrahlung hervor, die Sie von Kopf bis Fuß durchdringen. Es äußert sich in der Art, wie sie lächeln (Sie bringen Glanz in jeden Raum), wie Sie zwischen den Sätzen eine kleine Pause einlegen (Sie plappern nicht einfach nervös drauflos), zuhören (nämlich aufmerksam), blicken (Sie schauen sich zurückhaltend um, starren nie), atmen (langsam), dastehen (aufrecht) und gehen (flott und mit durchgedrücktem Kreuz).

Es spielt keine Rolle, daß Sie keine Ballkönigin sind, daß Sie nicht zu Ende studiert haben oder daß Sie über das aktuelle Geschehen nicht auf dem laufenden sind. Sie genügen sich trotzdem selbst. Sie haben mehr Selbstvertrauen als Frauen mit einem

Universitätsdiplom oder viel Geld auf dem Konto. Sie biedern sich nicht an. Sie sind nie verzweifelt oder ängstlich. Sie treffen sich nicht mit Männern, die nichts von Ihnen wollen. Sie vertrauen auf die Vielfalt und Güte des Universums: Wenn er es nicht sein soll, kommt bestimmt ein besserer, sagen Sie sich. Sie klammern nicht. Sie laufen niemandem nach. Sie machen sich die Männer nicht durch Sex gefügig. Sie glauben an Liebe und Ehe. Sie sind nicht zynisch. Sie glauben nicht, die Welt geht unter, wenn eine Beziehung in die Brüche geht. Statt dessen gönnen Sie sich eine Maniküre und verabreden sich mit einem anderen Mann oder gehen auf eine Party für Singles. Sie sind Optimistin. Sie wischen sich die Tränen weg, damit Ihr Make-up nicht verläuft, und schauen sich nach einem anderen um. Natürlich ist Ihnen nicht wirklich danach. Sie *reden sich ein*, daß Ihnen danach ist, bis es tatsächlich so ist. *Sie tun so, als ob!*

Lassen Sie sich bei einem Rendezvous nie anmerken, daß Sie vor allem eins im Sinn haben: heiraten. Bleiben Sie gelassen. Er soll ruhig denken, daß Sie schon mehrere Heiratsanträge abgelehnt haben. Sie nippen an Ihrem Drink – schlürfen ist verpönt! – und überlassen es ihm, Ihnen Fragen zu stellen. Ihre Antworten sind knapp, leichthin, kokett. Ihre Gesten sind geschmeidig und weiblich. Fällt Ihnen das Haar ins Gesicht, werfen Sie den Kopf in den Nacken und kämmen es mit den Fingern in einer bedächtigen, sorgsamen Bewegung nach hinten.

All ihre Gesten – die Art, wie Sie sich entschuldigen, weil Sie auf die Toilette gehen, oder auf die Uhr blicken, um die Verabredung zu beenden – sind fließend und verführerisch, nicht eckig und befangen. Sie haben schon viele Verabredungen hinter sich, Sie sind ein Profi. Und das nur, weil Sie sich selber im Griff haben. Sie haben vor dem Rendezvous nicht deprimiert im Bett gelegen oder Kekse in sich hineingestopft. Sie haben ein Schaumbad genommen, in diesem Buch gelesen und sich selbst mit positiven Parolen aufgebaut wie: »Ich bin schön. Ich bin mir selbst genug.« Sie haben sich gesagt, daß Sie bei der Verabredung nicht mehr zu tun brauchen, als einfach nur dazusein. Entweder er verliebt sich in Sie oder nicht. Es ist nicht Ihre Schuld, wenn er nicht wieder anruft. Sie sind schön, innen und außen. Ein anderer wird Sie lieben, wenn er es nicht tut. Das einzige, worauf es ankommt, ist, daß *Sie* das Rendezvous beenden.

Wenn Sie auf eine Party für Singles gehen, bauen Sie sich vorher auf. Reden Sie sich ein, Sie seien ein Filmstar. Sie marschieren hocherhobenen Hauptes mitten in den Raum, als wären Sie gerade mit der Concorde aus Paris eingeflogen. Sie sind nur für eine Nacht in der Stadt, und wenn sich nicht ein gutaussehendes Mannsbild auf Sie stürzt und Sie sich schnappt, ist es sein Pech!

Sie besorgen sich etwas zu trinken, ein Perrier vielleicht, auch wenn Sie keinen Durst haben. Dann können Sie sich am Glas festhalten und müssen vor Nervosität nicht Fingernägel kauen oder Haare zwirbeln. Wenn Sie nervös sind, lassen Sie es sich nicht anmerken. Das ist das Geheimnis: Sie benehmen sich so, als würde alles großartig laufen, selbst wenn Sie kurz davor stehen, durchs Examen zu rasseln oder gefeuert zu werden. Sie treten entschlossen auf, als wüßten Sie genau, wohin Sie wollen, und drehen am besten eine Runde im Raum. Sie sind ständig in Bewegung. Sie stehen nicht in einer Ecke wie bestellt und nicht abgeholt. Die Männer sollen sie mitten in der Bewegung abfangen.

Wenn Sie finden, daß Sie nicht hübsch sind, daß andere junge Frauen besser angezogen, schlanker oder souveräner sind, behalten Sie es für sich. Sagen Sie sich immer wieder: »Der Mann, der mich kriegt, kann glücklich sein«, bis es so richtig in Sie einsikkert und Sie daran glauben. Spricht Sie ein Mann an, lächeln Sie, und antworten Sie freundlich, aber knapp auf seine Fragen. Sie geben sich zurückhaltend und ein bißchen geheimnisvoll. Sie lassen ihn nach mehr hungern, statt ihn zu langweilen. Nach ein paar

Minuten sagen Sie: »Ich glaube, ich drehe noch eine Runde.«

Die meisten Frauen klammern sich den ganzen Abend an einen einzigen Mann und warten darauf, daß er sie zum Tanzen auffordert. Sie aber gehen anders vor: Wenn er sich mit Ihnen unterhalten oder Ihre Telefonnummer haben möchte, soll er im Gedränge so lange suchen, bis er Sie gefunden hat. Sie bieten ihm nicht Ihren Kugelschreiber oder Ihre Visitenkarte an. Sie machen es ihm nicht leicht. Am besten, Sie nehmen beides erst gar nicht mit, damit Sie nicht in Versuchung geraten, ihm auszuhelfen. Er soll die ganze Anstrengung auf sich nehmen. Während er seine Taschen abklopft und schließlich die Garderobenfrau um einen Stift bittet, stehen Sie ruhig daneben und sagen sich: »Start frei für die *Regeln*!«

So einfach ist das. Sie vertrauen darauf, daß Ihrem Prinzen eines Tages aufgeht, wie sehr Sie sich von den Frauen unterscheiden, mit denen er bisher zu tun hatte, und daß er um Ihre Hand anhält!

Regel Nummer 2

Sprechen Sie einen Mann nicht zuerst an (und fordern Sie ihn nicht zum Tanzen auf)

Niemals? Nicht einmal: »Gehen wir einen Kaffee trinken?« oder: »Kommen Sie oft hierher?« Richtig, nicht einmal diese scheinbar harmlosen Eröffnungsfloskeln. Woher wollen Sie sonst wissen, ob er Sie zuerst entdeckt hat und von Ihnen so hingerissen ist, daß er Sie unbedingt haben muß, oder ob er einfach nur höflich ist?

Wir wissen, was Sie jetzt denken. Wir wissen, wie überzogen Ihnen das vorkommt, vielleicht sogar verbohrt, dumm und gemein. Aber schließlich liegt den *Regeln* der Kerngedanke zugrunde, daß wir Frauen selbst nie die Dinge in die Hand nehmen, sondern auf das Naturgesetz vertrauen, und das lautet nun mal: Männchen jagt Weibchen.

Sprechen Sie einen Mann zuerst an, greifen Sie in den natürlichen Ablauf ein und beschwören Dinge herauf, die von allein vielleicht nicht passiert wären, zum Beispiel ein Gespräch oder ein Rendezvous, das eigentlich nicht vorgesehen war, und früher oder später bekommen Sie die Quittung dafür. Am

Ende wird er nämlich die Frau ansprechen, die er wirklich will, und Sie fallenlassen wie eine heiße Kartoffel.

Trotzdem erfinden wir für unser Verhalten Ausreden wie: »Er ist schüchtern« oder: »Ich bin eben ein freundlicher Mensch«. Sind Männer wirklich schüchtern? Wollen wir der Sache doch gleich einmal auf den Grund gehen. Auch wenn Ihr Therapeut vielleicht das Gegenteil behauptet, sind die meisten Männer, wenn sie Sie nicht ansprechen, unserer Meinung nach nicht etwa schüchtern, sondern ganz einfach nicht *wirklich* interessiert. Damit kann man sich nur schwer abfinden, das wissen wir. Genauso schwer ist es, auf den Richtigen zu warten – auf den Mann, der Sie zuerst anspricht, der Sie anruft und am Anfang der Beziehung den größten Teil der Arbeit übernimmt, weil er Sie unbedingt haben will.

Das »aggressive« Verhalten vieler Frauen in der heutigen Zeit ist leicht zu erklären. Anders als vor vielen Jahren, als Frauen auf Tanzveranstaltungen oder dem Debütantinnenball Bekanntschaft mit Männern machten und abwarteten, bis einer von ihnen in der Menge auf sie aufmerksam wurde und sie ansprach, sind viele Frauen heutzutage Wirtschaftsprüferinnen, Ärztinnen, Rechtsanwältinnen, Zahnärztinnen oder befinden sich in Führungspositionen. Sie arbeiten mit Männern, für Männer, und Männer arbeiten für sie.

Männer sind ihre Patienten, Klienten und Kunden. Wieso also sollte eine Frau einen Mann nicht als erste ansprechen?

Unsere Antwort lautet: Behandeln Sie Männer, an denen Sie interessiert sind, wie jeden Kunden, Patienten oder Mitarbeiter, auch wenn es Ihnen schwerfällt. Sind wir doch einmal ehrlich: Wenn eine Frau einem Mann begegnet, der ihr gefällt, leuchtet in ihrem Kopf ein Lämpchen auf, und dann bricht in ihr ein Damm, sie lacht und verbringt unbewußt mehr Zeit mit ihm als nötig. Vielleicht schlägt sie sogar vor, etwas bei einem Mittagessen zu besprechen, was man genausogut am Telefon besprechen kann, weil sie hofft, bei ihm dadurch romantische Gefühle zu wecken. Das ist ein weitverbreiteter Trick. Selbst unter den klügsten Frauen gibt es welche, die dem Schicksal bei einem vermeintlichen Geschäftsessen ein wenig nachhelfen wollen. Sie halten sich für zu gebildet oder zu geschickt, um sich passiv zu verhalten, Spielchen zu spielen oder die *Regeln* anzuwenden. Sie glauben sich durch ihre Diplome oder Gehaltsschecks dazu berechtigt, in den Lauf der Dinge einzugreifen, statt nur darauf zu warten, daß das Telefon klingelt. Solche voreiligen Frauen, das versichern wir Ihnen, stehen am Ende immer mit einem gebrochenen Herzen da, nämlich dann, wenn sie eine Abfuhr erhalten. Wie sollte es auch anders sein? Männer wissen, was sie wollen. Niemand braucht sie zum Mittagessen einzuladen.

Kurzum, Sie müssen die *Regeln* auch dann befolgen, wenn Sie beruflich mit Männern zu tun haben. Warten Sie, bis er ein Mittagessen oder sonst etwas vorschlägt, was nichts mit dem Geschäft zu tun hat. Der Mann muß die Führung übernehmen. Selbst wenn Sie genausoviel Geld verdienen wie der Mann, an dem Sie interessiert sind, muß er ein gemeinsames Mittagessen oder sonst etwas zuerst vorschlagen. Sollten Sie sich nicht damit abfinden wollen, daß Männer und Frauen in Liebesdingen verschieden sind, auch wenn sie sich beruflich vielleicht in nichts nachstehen, dann werden Sie sich wie ein Mann verhalten: Sie werden ihn zuerst ansprechen, nach seiner Telefonnummer fragen, ihn zum Abendessen nach Hause einladen, um etwas Geschäftliches zu besprechen – und ihn verschrecken. Als Frau derart vorzupreschen ist sehr riskant. Manchmal haben wir miterlebt, daß es gutging, aber in den meisten Fällen geht die Rechnung eben nicht auf, und *immer* macht die Frau gefühlsmäßig die Hölle durch. Frauen, die nicht akzeptieren, daß das Männchen das Weibchen jagt, setzen sich der Gefahr aus, zurückgewiesen oder mißachtet zu werden, falls nicht sofort, dann zu einem späteren Zeitpunkt. Wir hoffen, Ihnen bleibt die folgende Tortur erspart:

Vor Jahren, als sie gemeinsam Zahnmedizin studierten, bändelte unsere Freundin Pam mit Robert an, indem sie ihn fragte, ob er mit ihr Mittag essen gehen wolle. *Sie sprach ihn zuerst an.* Obwohl sie später ein Liebespaar wurden und sogar zusammenzogen, schien er nie wirklich in sie *verliebt* zu sein, und so wurde Pam eine gewisse Unsicherheit, was ihre Beziehung anging, nie los. Wie auch? *Sie hat ihn zuerst angesprochen.* Kürzlich hat er wegen einer Lappalie mit ihr Schluß gemacht. In Wahrheit hat er sie nämlich nie geliebt. Hätte Pam die *Regeln* befolgt, hätte sie Robert nie angesprochen oder auf andere Weise die Initiative ergriffen. Und dann hätte sie wahrscheinlich jemanden kennengelernt, der sie wirklich wollte. Und sie hätte keine Zeit vergeudet.

Hier noch ein Beispiel für eine kluge Frau, die gegen die *Regeln* verstoßen hat: Claudia, eine selbstbewußte Börsenmaklerin von der Wall Street, erspähte ihren Zukünftigen auf der Tanzfläche einer beliebten Diskothek, stellte sich neben ihn und wich volle fünf Minuten lang nicht von seiner Seite. Als er keine Anstalten unternahm, den ersten Schritt zu machen, sagte sie sich, daß er wahrscheinlich schüchtern sei oder zwei linke Füße habe, und forderte ihn zum Tanzen auf. In ihrer Beziehung gab es seither nur Probleme. Sie beklagt sich oft darüber, daß er im Bett genauso »schüchtern« sei wie in jener Nacht auf der Tanzfläche.

Ein Wort zum Tanzen. Es ist in letzter Zeit bei Frauen sehr beliebt geworden, Männer zum Tanzen aufzufordern. Um bei Ihnen auch letzte Zweifel auszuräumen: Solch ein Verhalten verstößt voll und ganz gegen die *Regeln*. Wenn sich ein Mann nicht die Mühe macht, quer durch den Raum auf Sie zuzugehen und Sie zum Tanzen aufzufordern, ist er offensichtlich nicht interessiert, und Sie werden an seinen Gefühlen oder vielmehr seinem Mangel an Gefühlen nichts ändern, indem Sie ihn zum Tanzen auffordern. Er wird durch Ihr Angebot zwar geschmeichelt sein und aus Höflichkeit mit Ihnen tanzen, ja er will an diesem Abend vielleicht sogar mit Ihnen ins Bett gehen, aber verrückt nach Ihnen wird er nicht sein. Entweder Sie sind ihm nicht aufgefallen, oder Sie haben es ihm zu leicht gemacht. Er hat keine Gelegenheit gehabt, »Jagd« auf Sie zu machen, und das wird sich nachhaltig auf die Beziehung auswirken, sofern eine zustande kommt.

Wir wissen, was Sie sich jetzt fragen: Was soll ich denn den ganzen Abend tun, wenn mich niemand zum Tanzen auffordert? Leider können wir Ihnen nur dazu raten, notfalls fünfmal auf die Toilette zu gehen, Ihren Lippenstift nachzuziehen, Ihre Nase zu pudern, an der Bar noch ein Mineralwasser zu bestellen, sich ein paar hübsche Gedanken zu machen, im Raum Runden zu drehen, bis jemand auf Sie aufmerksam wird, vom Telefon im Foyer Ihre verheirateten Freundinnen anzurufen, damit sie Sie aufmuntern – kurz, alles mögliche zu tun, nur keinen Mann zum Tanzen aufzufordern. So ein Tanzabend ist für uns nicht unbedingt ein Vergnügen. Andere Frauen mögen ihren Spaß daran haben, weil sie einfach nur ausgehen, um sich zu amüsieren. Aber Sie sehnen sich nach Liebe und nach einer Ehe, und deshalb können Sie nicht immer das tun, wonach Ihnen gerade ist. Stellen Sie sich auch nicht, wie viele Frauen es tun, neben einen Mann, der Ihnen gefällt, in der Hoffnung, daß er Sie auffordert. Sie müssen *warten*, bis er auf Sie aufmerksam wird. Unter Umständen gehen Sie sogar nach Hause, ohne jemand Nettes kennengelernt und ohne ein einziges Mal getanzt zu haben. In diesem Fall müssen Sie sich damit trösten, daß Sie zumindest die *Regeln* geübt haben und bestimmt bald eine neue Gelegenheit zum Tanzen kommt. Verlassen Sie das Lokal mit dem befriedigenden Gefühl, daß Sie nicht gegen die *Regeln* verstoßen haben.

Wenn Ihnen das langweilig erscheint, vergessen Sie nicht, daß die Alternative noch schlimmer ist. Unsere gute Freundin Sally war so wütend, weil sie auf einer Party immer nur mit den »Flaschen« hatte tanzen müssen, daß sie schließlich beschloß, den *Regeln*, mit denen sie bestens vertraut war, zu trotzen und den bestaussehenden Mann des Abends zum Tanzen aufzufordern. Er fühlte sich nicht nur geschmeichelt, sondern sie tanzten stundenlang miteinander, und er ging an den drei darauffolgenden Abenden mit ihr aus. »Vielleicht gibt es doch Ausnahmen von den *Regeln*«, dachte sie triumphierend. Natürlich sollte sie eines Besseren belehrt werden. Es stellte sich nämlich heraus, daß ihr Traummann nur für ein paar Tage geschäftlich in der Stadt war und an der Westküste eine Freundin hatte. Kein Wunder, daß er am ersten Abend niemanden zum Tanzen aufgefordert hatte. Wahrscheinlich war er nur auf die Party gegangen, um sich zu amüsieren, aber nicht, um seine künftige Ehefrau zu suchen.

Die Moral von der Geschichte: Zerbrechen Sie sich nicht den Kopf darüber, warum ein Mann Sie nicht zum Tanzen auffordert – es gibt immer einen guten Grund.

Leider gehen mehr Frauen als Männer zum Tanzen, um den »Richtigen« zu finden. Früher oder später gewinnen Übereifer und Ungeduld die Oberhand; und sie sprechen von sich aus einen Mann an oder fordern ihn zum Tanzen auf. Sie sollten von einem Tanzabend also nicht allzuviel erwarten. Betrachten Sie ihn einfach als Vorwand, um hochhackige Schuhe anzuziehen, ein neues Rouge auszuprobieren und unter

Menschen zu sein. Außerdem besteht die Chance, daß ein Vertreter des anderen Geschlechts *Sie* im Verlauf des Abends anspricht. Kommt es dazu und amüsieren Sie sich gerade nicht sonderlich, lassen Sie es sich nicht anmerken. Verkneifen Sie sich geistreiche oder zynische Bemerkungen wie: »Wäre ich doch nur zu Hause geblieben und hätte mir *Das Traumschiff* angesehen!« Männer sind an Frauen mit bissigem Humor nicht interessiert. Fragt Sie also jemand, ob Sie sich amüsieren, sagen Sie einfach ja, und lächeln Sie.

Wenn Ihnen das alles zu mühsam vorkommt, gehen Sie lieber nicht tanzen. Bleiben Sie zu Hause, machen Sie Sit-ups, sehen Sie sich *Das Traumschiff* an, und lesen Sie dieses Buch noch einmal.

Regel Nummer 3

Starren Sie die Männer nicht an, und reden Sie nicht zuviel

Starrt eine Frau einen Mann zuerst an, tötet sie damit unter Garantie sein Interesse ab. Warten Sie also, bis er *Sie* ansieht! Wenn er nicht als erster auf Sie aufmerksam wird, ist er vermutlich nicht interessiert. Gehen Sie weiter, ein anderer Mann wird schon ein Auge auf Sie werfen.

Wußten Sie, daß es Workshops für Frauen gibt, in denen ihnen beigebracht wird, wie Sie mit attraktiven Männern Blickkontakt aufnehmen? Sparen Sie sich das Geld. Blickkontakt ist unnötig. Warum signalisieren Sie den Männern nicht einfach, daß Sie »auf Empfang« sind? Wir raten Ihnen, daß sie in den Raum (oder das Universum, wenn Sie wollen) hineinlächeln und dabei entspannt und nahbar wirken. So erregt man die Aufmerksamkeit eines Mannes und nicht dadurch, daß man ihn anstarrt. Blicken Sie sich nicht verzweifelt nach Ihrem Traummann um. Damit bewirken Sie nur, daß alle wegschauen. Verzweiflung wirkt nicht eben anziehend.

Vermeiden Sie beim ersten Rendezvous, ihm

romantisch in die Augen zu blicken. Sonst begreift er sofort, daß Sie in Gedanken bereits die Hochzeitsreise planen. Richten Sie den Blick statt dessen auf den Tisch oder auf Ihr Essen, oder lassen Sie ihn durchs Lokal schweifen. Es macht sich besser, wenn Sie so tun, als wären Sie am Leben, an anderen Menschen, an Ihrer Umgebung, an den Bildern an der Wand interessiert und nicht an dem lebenden Beutestück Ihnen gegenüber. Er würde sich nur belagert und verunsichert fühlen, wenn Sie ihn allzusehr anstarren. Beherrschen Sie sich. Er soll sich an dem Abend bemühen, *Ihre* Aufmerksamkeit zu erregen.

Eine der schwierigsten Aufgaben bei einem Rendezvous ist es, ein Gesprächsthema zu finden. Reden Sie über das Wetter oder über Politik? Sollen Sie die Intellektuelle oder das Mädchen spielen? Wenn Sie klug sind, bleiben Sie ruhig und hören sich an, was er zu sagen hat. Lassen Sie sich von ihm leiten. Will er über Diskotheken sprechen, erzählen Sie ihm, in welchen Sie schon gewesen sind und welche Ihnen gefallen. Sie sollen bei ihm jedoch nicht den Eindruck erwecken, Sie hätten nichts in der Birne. Keineswegs! Er soll sich in Ihrer Gegenwart nur wohl fühlen. Zeigen Sie ihm bei passender Gelegenheit, daß Sie über das aktuelle Geschehen auf dem laufenden sind und Interessen haben.

Die ersten Verabredungen sind nicht der richtige

Zeitpunkt, um ihm von Ihren Problemen im Job zu erzählen. Überhaupt: Strapazieren Sie ihn nicht zu sehr. Lachen Sie aber auch nicht, wenn er ernst wird. Schwimmen Sie mit dem Strom.

Wir brauchen wohl nicht eigens zu erwähnen, daß es bei jedem Rendezvous Augenblicke geben kann, in denen beiden der Gesprächsstoff ausgeht. Reden Sie sich nicht ein, daß Sie das Schweigen füllen müssen. Sie sagen dann doch nur etwas, was albern und gezwungen klingt. Manchmal will ein Mann einfach Auto fahren, ohne reden zu müssen. Lassen Sie ihn. Vielleicht denkt er gerade darüber nach, wie und wann er Ihnen einen Antrag machen soll. Stören Sie ihn nicht in seiner Konzentration.

Bilden Sie sich nicht ein, daß Sie pausenlos unterhaltsam sein und ein interessantes Gesprächsthema parat haben müssen. Er würde Sie womöglich für überspannt halten. Leisten Sie ihm einfach nur Gesellschaft! Bedenken Sie: Ein Mann verliebt sich in Ihr Wesen und nicht in etwas, was Sie gesagt haben.

Wenn überhaupt, dann sollten die Männer ihren Grips anstrengen, um flotte Sprüche zu klopfen und Ihnen interessante Fragen zu stellen, und sie sollten sich Gedanken darüber machen, wie sie Sie bei Laune halten können. Übrigens empfinden die meisten Männer geschwätzige Frauen als Zumutung. Wir kennen einen Mann, der eine Frau, von der er sich körperlich angezogen fühlte, nicht mehr anrief, weil sie redete wie ein Wasserfall. Begehen Sie nicht diesen Fehler. Als Frau reden Sie vermutlich gerne, vor allem über Ihre Beziehung, aber Sie müssen Ihre Zunge im Zaum halten. Warten Sie, bis das Rendezvous vorbei ist; danach können Sie zehn Freundinnen anrufen und mit ihnen den Abend stundenlang analysieren.

Verhalten Sie sich beim Rendezvous ruhig und zurückhaltend. Er wird sich fragen, was Sie wohl über ihn denken: ob Sie ihn mögen, ob er einen guten Eindruck auf Sie macht. Er wird Sie interessant und geheimnisvoll finden, im Gegensatz zu den meisten Frauen, mit denen er bisher ausgegangen ist. Oder wollen Sie nicht, daß er das von Ihnen denkt?

Regel Nummer 4

Kommen Sie ihm nicht auf halber Strecke entgegen, und machen Sie bei der Rechnung nicht halbe halbe

Männer lieben die Herausforderung – deshalb treiben sie Sport, führen Kriege und machen feindliche Übernahmen. Es ihnen leichtzumachen ist das Schlimmste, was Sie tun können. Wenn ein Mann sich mit Ihnen treffen will, sagen Sie nicht: »Ich bin sowieso in Ihrer Nähe«; schlagen Sie keine Restaurants vor, die auf halber Strecke zwischen ihm und Ihnen liegen, es sei denn, er bittet darum. Sagen Sie überhaupt nicht viel. Überlassen Sie das Denken und Reden ihm. Er soll die Gelben Seiten oder die Restaurantliste im Stadtmagazin durchforsten und Vorschläge bei Freunden einholen, um Ihnen dann einen für Sie bequem erreichbaren Ort anzubieten. Männer fühlen sich gut dabei, wenn sie sich ins Zeug legen müssen, um Sie zu sehen. Nehmen Sie ihnen das Vergnügen nicht.

Regel Nummer 4 besagt, daß Männer ihren Zeitplan mit Ihrem abstimmen, Sie umwerben und notfalls in den Zug oder ins Taxi steigen müssen, wenn sie Sie sehen wollen. Charles fuhr zum Beispiel bei der zweiten Verabredung sechzig Kilometer, um Darlene zu sehen, die das Wochenende bei ihrer Mutter verbrachte. Die meisten Mädchen hätten ihre Mütter sitzenlassen, um das Rendezvous ungestört zu genießen. Aber Darlene wußte, was zu tun war. Die große Entfernung bestärkte Charles nur in seinem Entschluß, sie zu sehen.

Freunde und Kollegen treffen sich auf halbem Weg. Männer (richtige Männer) holen Frauen, mit denen sie eine Verabredung haben, in ihrer Wohnung oder im Büro ab. Richten Sie es immer so ein, daß es für Sie bequem ist, egal, wo Sie wohnen.

Immer wieder stellen wir fest, daß Männer, die auf einem Treffpunkt auf halber Strecke oder (noch schlimmer) in ihrem eigenen »Revier« bestehen, sich als Rohlinge entpuppen – sie sind unaufmerksam, stur und sogar knausrig. Jane erinnert sich noch, daß sie mit dem Taxi von Greenwich Village nach Brooklyn Heights gefahren ist, um Steve (ein »blind date«) zum Brunch in dessen Lieblingslokal zu treffen, und daß er am Ende vorgeschlagen hat, die Rechnung zu teilen.

Jane, die eine wirklich nette Person ist, fand es nur gerecht, daß sie ihren Teil zahlte. Schließlich verdiente sie als Rechtsanwältin eine Menge Geld und hätte es für unfair gehalten, die gesamten Kosten auf Steve »abzuwälzen«. Das war sehr nett von Jane, aber glauben Sie uns, wenn sie darauf bestanden hätte, sich an einem Ort in ihrer Nähe zu treffen, vielleicht auch nur auf einen Drink (vor allem dann, wenn sie sich nicht wohl dabei fühlt, sein Geld auszugeben), hätte Steve sie wie eine Prinzessin und nicht wie eine Arbeitskollegin behandelt. Aber da Jane es ihm so einfach gemacht hat, hat er sie nicht zuvorkommend behandelt, bald das Interesse verloren und nicht mehr angerufen.

Nicht, daß Frauen nicht in der Lage wären, mit der U-Bahn zu fahren oder für sich selbst zu zahlen. Es ist einfach nur ritterlich und entspricht daher den *Regeln*, wenn die Herren die Damen zum Rendezvous abholen und die Rechnung übernehmen. Gleichberechtigung und kameradschaftliches Entgegenkommen sind prima für den Arbeitsplatz, aber nicht für das Spielfeld der Romantik. In der Liebe läuft alles wunderbar, solange der Mann die Frau umwirbt und sie die meiste Zeit einlädt. Er hat das Gefühl, das Geld, das er für Essen, Kino und Taxi ausgibt, sei der Preis dafür, mit Ihnen zusammensein zu können, und ist der Ansicht, daß sich jeder Pfennig lohnt. Sie sollten sich geehrt fühlen und glücklich schätzen, statt Gewissensbisse zu haben.

Sollten Sie sich trotzdem nicht ganz wohl in Ihrer Haut fühlen, wenn er für alles aufkommt, dann bieten Sie ihm an, das Trinkgeld zu übernehmen, oder wenn die Nacht lang ist – angenommen, Sie gehen essen, anschließend ins Theater, fahren dreimal Taxi, oder es fallen Parkgebühren an –, dann steuern Sie unterwegs auch mal eine Kleinigkeit bei. Aber zahlen Sie bei den ersten drei Verabredungen überhaupt nichts. Sie können sich später auf Ihre Art erkenntlich zeigen: Kochen Sie ihm bei sich abends mal etwas Schönes, oder schenken Sie ihm eine Krawatte. Ist er knapp bei Kasse oder Student, und Sie haben Sorge, er könnte mit Ihnen sein Studiengeld verjubeln, machen Sie bei der Rechnung trotzdem nicht halbe halbe. Suchen Sie sich ein preiswerteres Lokal aus, und begnügen Sie sich mit einem Hamburger. Bestellen Sie keinen Aperitif und nicht mehr als ein Getränk. Sie können auch eine Pizza essen oder zum Chinesen gehen. Schlagen Sie ihm vor, ins Kino, ins Museum oder zu einem billigen Open-Air-Konzert zu gehen statt in die Oper.

Es ist ehrenwert, daß Sie sich Gedanken über seine Finanzen machen, aber vergessen Sie nicht, daß er großen Spaß daran hat, Sie auszuführen. Warum ihm die Freude nehmen, sich wie ein Gentleman zu fühlen? Die beste Art, ihn dafür zu belohnen, besteht darin, sich erkenntlich zu zeigen. Sagen Sie danke und bitte. Mäkeln Sie weder am Lokal noch am Essen, noch am Service herum, selbst wenn alles noch so schrecklich ist. Seien Sie positiv. Sehen Sie in allem das Gute. Wir haben von einem Mann gehört, der sich bei der zweiten Verabredung noch heftiger in eine junge Frau verliebte, weil sie sich mit keinem einzigen Wort beklagte, als er sich nach dem Besuch eines Fußballspiels nicht mehr erinnern konnte, wo er geparkt hatte. Während sie sich auf der Suche nach seinem Wagen eine Stunde lang die Hacken abliefen, dachte er immer wieder: »Was für eine tolle Frau!«

Bei einem Rendezvous kann vieles schieflaufen, besonders dann, wenn ein Mann mit aller Macht Eindruck auf Sie machen will und am Ende einen Bock nach dem anderen schießt – er schließt die Schlüssel im Auto ein, vergißt die Theaterkarten und so weiter. Hacken Sie nicht so lange auf ihm herum, bis er ein schlechtes Gewissen hat, sondern halten Sie sich lieber die Mühe vor Augen, die er sich gibt, und die Ausgaben, in die er sich stürzt. Wenn Sie ihm wie ein guter Kamerad zur Seite stehen, kann das darüber entscheiden, ob Sie nur einer seiner vielen Flirts oder seine zukünftige Frau werden.

Regel Nummer 5

Rufen Sie ihn nicht an und auch nicht immer gleich zurück

Wenn Sie die *Regeln* so streng befolgen wie die Zehn Gebote, besteht kein Grund, ihn anzurufen. Er sollte Sie anrufen und so lange nicht lockerlassen, bis er mit Ihnen eine Verabredung getroffen hat.

Männer anzurufen bedeutet, ihnen nachzustellen, und das verstößt ganz und gar gegen die *Regeln*. Die Männer wissen dann sofort, daß Sie sie mögen, und verlieren womöglich das Interesse! Außerdem könnten Sie sie bei etwas stören – vielleicht schauen sie sich gerade im Fernsehen ein Fußballspiel an, machen ihre Buchhaltung, haben Besuch oder schlafen sogar – und in einem Moment antreffen, wo sie nicht in der Stimmung sind, mit Ihnen zu telefonieren. Warum es darauf ankommen lassen?

Wenn Sie ihn anrufen, wird er garantiert als erster oder zumindest bald wieder auflegen, und Sie könnten seine kurzangebundene Art als Desinteresse auffassen. Sie könnten sogar glauben, eine andere Frau sei bei ihm! Dann sind Sie verständlicherweise für den Rest des Tages oder Abends oder bis zu dem

Augenblick, wo Sie wieder von ihm hören, frustriert und nervös, und diese Nervosität wiederum treibt Sie womöglich dazu, ihn *noch mal* anzurufen und ihn Dinge zu fragen wie: »Ist alles in Ordnung?« oder: »Liebst du mich noch? Vermißt du mich?« Und das wäre noch falscher!

Soll der Mann also nicht wissen, wie sehr Sie ihn mögen oder daß Sie sich allein und unsicher fühlen, rufen Sie ihn nicht an. Hinterläßt er auf Ihrem Anrufbeantworter eine Nachricht und bittet um Rückruf, versuchen Sie, ihn sich zu verkneifen. Rufen Sie ihn nur dann sofort zurück, wenn sich an Ihrer Verabredung oder einer geplanten Veranstaltung etwas ändert, aber nicht etwa, um mit ihm zu plaudern.

Wenn Sie nicht anrufen, wird er um so mehr Sehnsucht nach Ihnen haben, er wird Sie wiedersehen wollen und Sie von sich aus wieder anrufen. Dadurch beugen Sie der Gefahr vor, daß er in zu kurzer Zeit alles über Sie erfährt und sich langweilt. Wenn Sie ihn nur ab und zu anrufen, wird Ihr Anruf außerdem zu etwas Besonderem.

Machen Sie sich keine Sorgen, daß Sie unhöflich wirken könnten. Wenn er Sie liebt oder unbedingt Kontakt mit Ihnen aufnehmen will, wird er Sie nicht etwa für unhöflich halten, sondern nur glauben, daß Sie beschäftigt oder schwer zu kriegen sind – und Männer rufen immer wieder an.

Ist Ihnen schon mal aufgefallen, daß das Telefongespräch einen besseren Verlauf nimmt, wenn der Mann Sie anruft? Das liegt daran, daß er Sie haben will, daß er Sie in diesem Augenblick vermißt und zum Hörer gegriffen hat, weil er es kaum ewarten konnte, Ihre Stimme zu hören. Wenn ein Mann Sie anruft, ist er der »Angreifer«; er hat sich zurechtgelegt, was er sagen will, und hat den richtigen Zeitpunkt bestimmt. Er ist gesprächsbereit.

Die *Regeln* arbeiten für Sie, wenn er Sie anruft, weil Sie in dem Augenblick vielleicht gerade nicht zu Hause sind und er darüber nachdenkt, wo Sie sein könnten, oder Sie noch einmal anrufen muß. Wenn ein Mann Sie anruft, sind Sie möglicherweise gerade beschäftigt und müssen das Gespräch freundlich, aber bestimmt beenden. Versuchen Sie immer, es so einzurichten, daß die Männer Sie anrufen.

Aber wir sind alle keine Heiligen, und manchmal *müssen* wir die Männer zurückrufen. Wohlgemerkt: nicht anrufen, sondern nur zurückrufen! Müssen Sie einen Mann, aus welchem Grund auch immer, zurückrufen, versuchen Sie den Moment hinauszuzögern. Rufen Sie nicht auf der Stelle zurück. Falls Sie es doch tun, seien Sie kurzangebunden, aber liebenswürdig. Sprechen Sie ihm nicht auf Band, an welchem Abend um wieviel Uhr Sie zu Hause sind, und geben Sie ihm keine Hilfestellung, wann und wie er Sie am besten erreichen kann. Das würde ihm die Sache zu leicht machen, und Sie könnten als allzu begierig dastehen. Lassen Sie es ihn selbst herausfinden! Denken Sie daran, Sie sind sehr beschäftigt! Eine vielbeschäftigte Frau findet zu Hause immer jede Menge Anrufe von Männern auf Band vor, die mit ihr am Wochenende etwas unternehmen wollen.

Was aber, wenn er am Dienstag abend eine Nachricht auf Ihrem Anrufbeantworter hinterläßt und Sie sich unbedingt für Samstag abend mit ihm verabreden wollen? Rufen Sie ihn dann noch am Dienstag abend zurück? Die Antwort lautet nein, weil er sonst ahnt, daß Sie anrufen, um für Samstag abend etwas mit ihm auszumachen. Besser, *er* ruft *Sie* bis Mittwoch abend an (das ist der absolute Stichtag). Lieber verzichten Sie auf eine Verabredung am Samstag abend, als daß Sie sich angewöhnen, ihn anzurufen. Sie wollen nicht ein Rendezvous ergattern, sondern einen Ehemann! Machen Sie Nägel mit Köpfen!

Vergessen Sie nicht: Unsere *Regeln* sollen auch vermeiden helfen, daß man Sie verletzt oder sitzenläßt. Wir wollen nicht, daß Sie unnötige Qualen durchleiden. Das Leben ist schon schwer genug. Wir haben den Krebs oder betrunkene Autofahrer nicht unter Kontrolle, aber wir können es uns verkneifen, *seine* Nummer zu wählen. Wenn Sie ihn anrufen und er Ihren Anruf nicht erwidert und nicht mit Ihnen ausgehen will, ist das für Sie ein Schlag ins Gesicht. Wenn Sie ihn anrufen, wird er Sie nicht für unnahbar halten und glauben, daß er sich nicht allzusehr ins Zeug legen muß. Wenn Sie ihn anrufen, wird er keine Übung darin bekommen, sich nach einem Rendezvous gleich wieder mit Ihnen zu verabreden. Er muß lernen, daß er Sie nicht so einfach telefonisch erreichen oder Sie ein, zwei Wochen nicht sehen kann, wenn er nicht etwas Festes mit Ihnen ausmacht. Nicht, daß Sie *unmöglich* zu kriegen sind, aber Sie sind *schwer* zu kriegen. Vergessen Sie nicht, sich auf vielfältige Weise zu beschäftigen, andere Verabredungen zu treffen und weit im voraus zu planen. Machen Sie ihm aber keine Vorwürfe, daß er nicht früher angerufen hat, und sagen Sie nicht: »Wenn du eher angerufen hättest …«, sondern sagen Sie einfach: »Ich würde wirklich gerne, aber ich kann nicht.« (Er kommt schon von alleine darauf, daß er in Zukunft früher anrufen muß.)

Wenn er in Sie verliebt ist, wird er Sie schon am Montag oder Dienstag anrufen, um etwas für Samstag abend auszumachen. Wenn er nicht in Sie verliebt ist, wird er Sie nicht so lange mit Anrufen bedrängen, bis er Sie breitgeschlagen hat.

Wundern Sie sich aber nicht, wenn sich ein Mann nach der ersten Verabredung mit seinem nächsten Anruf ein oder zwei Wochen Zeit läßt. Vielleicht hat er viel um die Ohren oder trifft sich mit anderen Frauen. Vielleicht bringt er Sie nicht in seinem Terminkalender unter. Vergessen Sie nicht: Er hatte auch ein Privatleben, bevor er Sie kennengelernt hat! Machen Sie sich deswegen nicht verrückt. Beschäftigen Sie sich, damit Sie nicht vierundzwanzig Stunden am Tag an ihn denken. Lassen Sie ihm Freiraum, warten Sie, bis *er* anruft.

Hier ein gutes Beispiel dafür, wie man mit einer solchen Situation umgeht: Unsere Freundin Laura wartete nach ihrer ersten Verabredung mit David zweieinhalb Wochen auf seinen Anruf. David war frisch geschieden und brauchte Zeit, um zur Besinnung zu kommen, bevor er sich Hals über Kopf in eine neue Beziehung stürzte. Laura gab ihm diese Zeit – und Freiraum. Im Gegensatz zu den meisten Frauen rief sie nicht an, »um zu hören, wie's so geht«, oder unter einem anderen Vorwand wie zum Beispiel: »Hast du nicht gesagt, du bräuchtest den Namen von meinem Steuerberater?« Natürlich war Laura gekränkt, aber sie traf sich mit Freundinnen und ließ sich auf Blind dates ein. Sie sah das Ganze von der praktischen Seite: Sie wußte, daß er sie irgendwann anrufen würde, wenn er sie mochte. Wenn nicht, war es sein Pech! Auf zum nächsten! Als David schließlich anrief, war sie nett und liebenswürdig. Sie stellte ihn nicht zur Rede, warum er nicht früher angerufen hatte. Laura und David waren zehn Monate lang befreundet und sind jetzt verheiratet.

Ein abschließender Gedanke zum Thema Telefonieren: Manchmal wollen wir einen Mann nicht anrufen, um mit ihm zu reden, sondern nur, um seine Stimme zu hören. Wir haben das Gefühl, wir müßten sterben, wenn wir seine aufregende Stimme nicht augenblicklich hören. Dafür haben wir Verständnis. In diesem Fall schlagen wir vor, daß Sie bei ihm anrufen, wenn er in der Arbeit und sein Anrufbeantworter eingeschaltet ist. Legen Sie vor dem Signalton auf. Es hilft wirklich!

Regel Nummer 6

Beenden *Sie* die Telefongespräche

Rufen Sie Männer von sich aus nicht an (siehe *Regel Nummer 5*) und nur selten zurück. Wenn ein Mann Sie anruft, telefonieren Sie nicht länger als zehn Minuten mit ihm. Kaufen Sie sich notfalls eine Eieruhr. Wenn die Uhr klingelt, müssen Sie aufhören. Dadurch wirken Sie beschäftigt und geben nicht zuviel über sich selbst oder Ihre Absichten preis (selbst wenn Sie keine haben). Indem Sie das Gespräch als erste beenden, bewirken Sie, daß die Männer mehr von ihnen wollen. Gute Schlußformeln sind: »Ich habe noch so viel zu erledigen«, »Nun, es war wirklich schön, mit dir zu reden«, »Ehrlich gesagt bin ich im Moment ziemlich beschäftigt« oder: »Jetzt klingelt's bei mir, ich muß rennen!« Vergessen Sie aber nicht, dabei einen sehr freundlichen Ton anzuschlagen.

Frauen reden gern, und einer ihrer größten Fehler ist, daß sie mit einem Mann so reden, als wäre er eine Freundin, ein Therapeut oder die Nachbarin von nebenan. Denken Sie daran, daß der Mann – zumindest zu Beginn einer Beziehung – ihr Gegenspieler ist.

Es steht in seiner Macht, Sie zu verletzen, indem er nie wieder anruft, Sie schlecht zu behandeln oder sich zwar zu melden, sich aber gleichgültig zu geben. Sie können ihm einen Korb geben, aber es ist nun mal der Mann, der auf Sie zugeht, Sie ausführt und Ihnen schließlich einen Heiratsantrag macht. Er nimmt die Dinge in die Hand. Die beste Art, sich Kummer zu ersparen, ist, daß Sie sich nicht so schnell gefühlsmäßig engagieren.

Telefonieren Sie also nicht stundenlang, und erzählen Sie ihm nicht lang und breit von Ihren Gefühlen oder davon, was Sie tagsüber getan haben. Sie werden für ihn sonst zu schnell durchschaubar und laufen Gefahr, ihn zu ermüden oder zu langweilen. Er will schließlich nicht mit seiner verrückten jüngeren Schwester, seiner Quasselstrippe von einer Mutter oder seiner klatschsüchtigen Nachbarin ausgehen. Er will sich mit einer jungen Frau unterhalten, die freundlich, unkompliziert und flott ist. Wenn Sie den Hörer als erste auflegen, brauchen Sie sich nicht den Kopf darüber zu zerbrechen, ob Sie ihn zu lange aufgehalten, ihn gelangweilt oder zuviel von sich selbst preisgegeben haben. Da man, wenn man »verschossen« oder »verliebt« ist, nur schwer den Überblick behält, wieviel Zeit man am Telefon zubringt, schlagen wir nochmals vor, eine Eier- oder Stoppuhr zu verwenden. Wenn sie klingelt, sagen Sie charmant:

»Ich muß jetzt wirklich los.« Eine Uhr ist, im Gegensatz zu Ihnen, objektiv.

Egal, ob Sie sich gerade großartig unterhalten und Sie ihm erzählen wollen, welche Erfahrungen im Alter zwischen fünf und sechs Ihr Leben geprägt haben – sobald die Uhr klingelt, ist Schluß mit der Unterhaltung. Vergessen Sie nicht, daß Sie geheimnisvoll wirken wollen. Wenn Sie zuerst auflegen, umgeben Sie sich in seinen Augen mit einer geheimnisvollen Aura. Er wird sich fragen, warum Sie so rasch auflegen mußten, wohin Sie wohl gehen und ob Sie vielleicht einen anderen Mann treffen. Es ist gut, wenn er über Sie nachdenkt.

Vielleicht denken Sie jetzt, Männer könnten Ihre abrupte Art, das Telefongespräch zu beenden, unhöflich finden und nie wieder anrufen. Keineswegs! Oft passiert sogar das genaue Gegenteil, und zwar aus dem einfachen Grund, daß Männer in der Liebe irrational handeln. Unsere Freundin Cindy zum Beispiel stellte ihre Eieruhr eines Abends auf vier Minuten. »Ich muß Schluß machen«, sagte sie, als die Uhr klingelte. Fünf Minuten später rief er wieder an und bestand darauf, daß sie sich künftig zwei- statt nur einmal die Woche sehen sollten. Der Vier-Minuten-Trick hat wie eine Zauberformel gewirkt und ihn ihr nähergebracht, statt ihn (wie man hätte meinen können) zu vergrätzen.

Wenn Sie von Natur aus ein freundlicher Mensch sind, finden Sie diese Methode wahrscheinlich grausam. Sie werden glauben, Sie lassen die Männer leiden, dabei tun Sie ihnen in Wirklichkeit einen Gefallen. Denn so wollen die Männer mehr Zeit mit Ihnen am Telefon und persönlich verbringen. Dank der *Regeln* erfahren sie, was Sehnsucht ist. Sagen Sie sich, daß Sie ihnen einen Gefallen tun, wenn Sie sich herzlos vorkommen.

Ein anderer Trick, einen Mann zur Verzweiflung zu bringen, besteht darin, am Sonntagnachmittag den Anrufbeantworter abzuschalten. Sie werden schon sehen, daß er wie ein Verrückter versucht, Sie zu erreichen. Als Cindy diese Taktik ausprobierte, rief ihr Freund am fraglichen Tag immer wieder an und ließ das Telefon schließlich so lange klingeln, bis der Anrufbeantworter von alleine ansprang. (Manche Geräte schalten sich nach dem vierzehnten Klingelzeichen automatisch an. Können Sie sich vorstellen, wie er das Telefon vierzehnmal klingeln läßt?!) Als er sie abends endlich ans Telefon bekam, fragte er besitzergreifend: »Wo hast du gesteckt? Ich wollte mit dir aufs Land fahren.« Es ist ein gutes Zeichen, wenn ein Mann sich aufregt; das bedeutet, daß ihm etwas an Ihnen liegt. Wenn Männer nicht wütend werden, sind sie gleichgültig, und wenn sie gleichgültig sind, sind sie mit einem Fuß schon wieder zur Tür heraus.

Den Telefonhörer nach ein paar Minuten wieder aufzulegen ist nicht einfach, aber es geht.

Unsere Freundin Jody hatte das Gefühl, Jeff, mit dem sie seit drei Monaten befreundet war, zu »verlieren«, als er sich an einem Samstagabend ziemlich unverbindlich von ihr verabschiedete und sagte: »Ich ruf dich an und sag dir, welcher Abend *mir* nächste Woche paßt.« Jody spürte, wie sich der Spieß zwischen ihnen umdrehte, und wandte eine zwar etwas drastische, aber durchaus notwendige Maßnahme an: Sie ging an dem Abend, an dem er gewöhnlich anrief, nicht ans Telefon, sondern hörte einfach zu, wie es klingelte und klingelte. Als er sie am nächsten Tag in der Arbeit erreichte, war er weniger herablassend und ein bißchen nervös. Er erkundigte sich, welcher Abend *ihr* passen würde! Der Telefontrick hatte funktioniert – und Jeff leistete sich nie wieder so einen Fauxpas.

Hier noch ein Tip fürs Telefonieren: Wenn Sie freitags abends einmal zu Hause bleiben, weil Sie müde sind oder keine Verabredung haben, lassen Sie den Anrufbeantworter laufen, oder bitten Sie Ihre Mutter oder Mitbewohnerin, den Anrufern zu sagen, Sie seien nicht zu Hause. Falls er nämlich am Freitag abend zufällig anruft, weil er auch nichts vorhat, wird er glauben, Sie seien nicht da. Das Schlimmste, was Sie tun können, ist, ihm den Eindruck zu geben, daß

Sie nichts zu tun haben und nicht von anderen Männern umworben werden. Geben Sie ihm nicht das Gefühl, Sie seien ein Mauerblümchen, selbst wenn Sie eins sind. Reden Sie sich nicht ein, daß etwas Schlimmes daran ist, Spielchen zu spielen. Manchmal haben sie ihr Gutes. Männern gefällt die Vorstellung, eine Frau, wegen der sich alle die Beine ausreißen, erobert zu haben. Zeigen Sie ihm, daß Sie ein erfülltes Leben haben und ein unabhängiger Mensch sind.

Wenn er abends anruft und Sie ans Telefon gehen, glauben Sie bloß nicht, ihm darüber Rechenschaft ablegen zu müssen, was Sie tun. Sagen Sie nach ein paar Minuten einfach (aber nett), Sie seien beschäftigt und könnten nicht länger telefonieren. Sie müssen dabei nicht einmal lügen, denn manchmal sind Sie *tatsächlich* beschäftigt – zum Beispiel, wenn Sie Wäsche waschen –, aber sagen Sie ihm nicht, daß Sie gerade Wäsche waschen. Bringen Sie ihn nie auf die Idee, selbst wenn es zutrifft, Sie könnten zu Hause herumsitzen, an ihn denken und die Gästeliste für die Hochzeit zusammenstellen. Männer lieben scheinbar unnahbare Frauen!

Sollten Sie diesen Rat altmodisch finden, denken Sie daran, daß Sie ein erfüllter Mensch sind, ausgeglichen, lebenstüchtig und glücklich, mit Erfolg im Beruf, mit Freunden und Hobbys, und daß Sie ebenso gut mit ihm wie ohne ihn leben können. Sie sind keine leere Hülle, die nur darauf wartet, daß er sie mit Leben erfüllt und ihr Kraft gibt. Sie sind quicklebendig und voller Tatkraft, Sie gehen in Ihrer Arbeit auf und genießen Ihr eigenes Leben. Männer mögen Frauen, die ihren eigenen Kopf haben, keine hilflosen Kletten, die auf Erlösung warten. Die *Regeln* sind keine Gebrauchsanleitung zur Erlösung!

Der größte Fehler, den eine Frau machen kann, wenn sie einen Mann kennenlernt, den sie heiraten möchte, ist, daß sie ihn zum Mittelpunkt ihres Lebens macht. Womöglich setzt sie ihren Job aufs Spiel, weil sie am Schreibtisch den ganzen Tag nur von ihrem Prinzen träumt, statt in die Hände zu spucken und zu arbeiten. Sie denkt pausenlos an ihn und redet von nichts anderem. Sie langweilt ihre Freundinnen mit Einzelheiten über jede Verabredung zu Tode. Sie hält unentwegt Ausschau nach Krawatten für ihn oder schneidet Zeitungsartikel aus, die ihn interessieren könnten. So ein Verhalten ist nicht nur krankhaft, sondern auch der sicherste Weg, ihn zu verlieren.

Erstens erdrückt ihn so viel Zuwendung möglicherweise. Zweitens macht er Ihnen vielleicht keinen Antrag. Und drittens »erlöst« er Sie gefühlsmäßig und finanziell womöglich nicht in der Weise, wie Sie es sich vorgestellt haben. Selbst wenn er Sie heiratet, kann es sein, daß er auf einem Abend wöchentlich mit seinen Kumpels, auf seinen Hobbys oder dem

Basketballspiel am Sonntagmorgen besteht. Außerdem will er vielleicht, daß seine Frau arbeitet. Also gewöhnen Sie sich besser schon jetzt an die Vorstellung, daß Sie Ihr eigenes Leben führen *müssen* – mit einem Beruf, Interessen, Hobbys und Freunden, die die Lücken zwischen Ihren Verabredungen füllen und mit denen Sie sich auch noch nach der Hochzeit treffen. Das Schlimmste, was Sie tun können, wenn Sie mit einem Mann befreundet sind, ist, ihn als Ihren Unterhalter zu betrachten. Rufen Sie ihn nicht an, weil Sie sich langweilen oder Zuwendung brauchen. Seien Sie vergnügt, und beschäftigen Sie sich selbst. Er sollte Sie immer auf dem Sprung antreffen.

Immer wieder hören wir von Frauen, deren Horizont schrumpft, kaum daß sie dem Mann ihres Lebens begegnet sind. Wenn *Sie* den Mann Ihres Lebens treffen, ist das genau der richtige Zeitpunkt, um Tennisspielen zu lernen, Ihren Diplombetriebswirt zu machen oder mit Ihren Freunden auf eine Campingreise zu gehen.

Regel Nummer 7

Nehmen Sie nach Mittwoch keine Einladungen mehr für Samstag abend an

Heutzutage ist es gang und gäbe, daß Männer sich mit Frauen für den Abend desselben Tages oder für den nächsten Tag verabreden. Und genauso gang und gäbe ist es, daß die Frauen diese zwanglosen Einladungen in letzter Minute annehmen aus Angst, sie könnten kein besseres Angebot mehr bekommen. Das aber ist keine Verabredung im Sinne unserer *Regeln*. Ein Mann, der Sie heiraten will, wartet nicht bis zur letzten Minute, um sich mit Ihnen zu verabreden. Im Gegenteil, er ist höflich, aufmerksam und umsichtig und hat seinerseits Angst, er könnte Sie eine ganze Woche lang nicht sehen, wenn er nicht rechtzeitig etwas mit Ihnen ausmacht. Und wenn er in Sie verliebt ist, wird ihm eine Woche wie eine Ewigkeit vorkommen!

Natürlich wissen nicht alle Männer, daß sie Sie nicht erst am Donnerstag oder Freitag abend anrufen sollten, um sich mit Ihnen für Samstag abend zu verabreden. Andere Frauen haben sie verdorben, indem sie ihre Einladungen in letzter Minute angenommen haben. Wie gesagt, sollte er sich im Idealfall am Ende Ihres letzten Rendezvous neu mit Ihnen verabreden oder Sie spätestens Montag oder Dienstag anrufen, um etwas für den kommenden Samstag abend auszumachen. Wenn sein erster Gedanke an jedem Morgen Ihnen gilt und wenn er ständig an Sie denken muß, wird er nicht bis Donnerstag warten, um Sie anzurufen.

Es sagt mitunter einiges über die Gefühle aus, die ein Mann für Sie empfindet, wenn er Sie nicht schon Anfang der Woche anruft. Um ihn dazu zu bringen, Sie früher anzurufen, ist es am besten, ihm einen Korb zu geben, wenn er sich erst am Donnerstag meldet, um sich für Samstag abend mit Ihnen zu verabreden. Hoffentlich versteht er den Wink. Das ist kein Spiel, sondern es ist von grundlegender Bedeutung, daß die Männer Sie schon Anfang der Woche anrufen, denn als Frau, die sich an die *Regeln* hält, können Sie Ihr Leben nicht bis Donnerstag oder Freitag auf Eis legen. Schließlich haben Sie Freunde und jede Menge Pläne. Sie müssen rechtzeitig wissen, ob Sie am Samstag abend ein Rendezvous haben oder mit Ihren Freundinnen ins Kino gehen. Wenn die Männer Sie immer erst donnerstags anrufen, sind Sie nervlich bald ein Wrack. Entweder hören Sie wie eine Besessene andauernd Ihren Anrufbeantworter ab oder fragen, sofern Sie noch bei Ihren Eltern wohnen, pausenlos Ihre

Mutter, ob er angerufen hat. Sie leben also in ständiger Erwartung. Das aber sollten Sie keinesfalls. Sie haben Programm.

Wenn er bis Mittwoch abend nicht angerufen hat, schmieden Sie fürs Wochenende andere Pläne und geben ihm freundlich einen Korb, wenn er am Donnerstag anruft und unbekümmert fragt: »Na, Schatz, was hast du Samstag abend vor?« Studieren Sie die folgende Antwort ein, und schlagen Sie dabei einen möglichst liebenswürdigen Tonfall an: »Oh, tut mir wirklich leid, aber ich habe schon was anderes ausgemacht.« Werden Sie nicht schwach, und gehen Sie nicht mit ihm aus, auch wenn Sie das viel lieber tun würden, als mit Ihren Freundinnen loszuziehen oder mit einem Mann auszugehen, an dem Ihnen nicht sonderlich viel liegt. Und machen Sie ihm auch kein Gegenangebot wie zum Beispiel: »Aber am Montag habe ich Zeit.« Er soll das Rendezvous ohne Ihre Hilfe auf die Beine stellen. *Machen Sie ihm aber keine Vorwürfe, wenn er erst in der zweiten Wochenhälfte anruft.* Lehnen Sie sehr freundlich, aber bestimmt ab. Erzählen Sie ihm auch nicht, was Sie statt dessen vorhaben, denn das geht ihn nichts an. Wichtig ist, daß er Ihre Botschaft kapiert, und die lautet: Wenn du am Samstag abend mit mir ausgehen willst, mußt du mich Montag, Dienstag, spätestens Mittwoch anrufen.

Jetzt mögen Sie denken: »Das ist mir zu streng.

Vicle Männer rufen an und machen einen Vorschlag, wenn ihnen gerade danach ist. Was ist an Spontaneität Schlimmes?« Das klingt zwar überzeugend, aber die Wirklichkeit sieht etwas unerfreulicher aus. Als Ted unsere Freundin Beth zum erstenmal an einem Donnerstag abend anrief, um sich für Samstag abend mit ihr zu verabreden, sagte sie sofort zu. Damit waren die Weichen gestellt, und danach rief er sie immer in letzter Minute an. Obwohl sie mehrere Monate befreundet waren, verschwendete er unter der Woche nur wenige Gedanken an sie, und sie wurde aus ihrer Beziehung nicht recht schlau, weil sie nie sicher sein konnte, ihn am nächsten Samstag abend wiederzusehen.

Denken Sie daran: So, wie sich ein Mann während der Zeit, in der er um Sie wirbt, verhält – besser gesagt; wie Sie ihm *gestatten*, daß er sich Ihnen gegenüber verhält –, so verhält er sich im allgemeinen auch in der Ehe. Trifft er seine Verabredungen mit Ihnen in letzter Minute, wird er auch in anderen Dingen erst in letzter Minute aktiv werden und es Ihnen gegenüber an Aufmerksamkeit fehlen lassen. Deshalb sind Verabredungen in letzter Minute schlicht und einfach unzumutbar. Männer, die Sie anrufen, weil sie gerade in Ihrer Nähe sind und Sie zehn Minuten später sehen wollen, mögen wer weiß wie aufregend sein, aber wenn Sie schon zehn Minuten später verfügbar sind, für *wie* schwer zu kriegen werden die Männer Sie dann halten? Wenn Sie nachgeben, werden die Männer Sie wie eine Frau behandeln, die sie schon nach zehn Minuten *haben* können.

Denken Sie aber daran, das Angebot auf liebenswerte Art auszuschlagen. Laden Sie sich nicht negativ auf (»Der Kerl denkt sich überhaupt nichts dabei, mich so kurz vorher anzurufen«), und keifen Sie auch nicht: »Nein, ich habe keine Zeit«, und knallen Sie den Telefonhörer nicht hin. Er denkt sich wirklich nichts dabei. Er denkt nicht daran, daß er Sie anders als alle anderen behandeln soll. Lassen Sie ihm Zeit. Folgen Sie unserem Rat, seien Sie nett zu ihm, sagen Sie: »O je, ich wünschte, ich hätte Zeit!« Dann seufzen Sie und legen auf. Er wird bald kapieren, daß Sie in Zukunft ein bißchen früher gefragt werden wollen. Noch einmal: Männer wollen Sie nicht kränken, wenn sie in letzter Minute anrufen. Seien Sie also nicht beleidigt, sondern bringen Sie ihnen bei, das nächste Mal früher anzurufen, ohne es aber ausdrücklich von ihnen zu *verlangen*.

Spontaneität äußert sich nicht in Vorschlägen wie: »Hallo, hast du Lust, heute abend ins Kino zu gehen?« Dieser Anruf ist eher auf Langeweile oder auf die Tatsache zurückzuführen, daß die Frau, mit der er eigentlich ausgehen wollte, keine Zeit hat. Er hat Sie nicht lange im voraus angerufen, hat nicht die ganze

Woche von Ihnen geträumt und ist nicht aufgeregt geworden bei der Vorstellung, im Kino den Arm um Ihre Schultern zu legen. Für ihn ist eine Verabredung mit Ihnen nichts Kostbares, das genauso vorausgeplant werden muß wie eine Reservierung in einem exklusiven Restaurant. Spontaneität ist etwas Schönes, aber sie sollte sich *während* des Rendezvous äußern – etwa in einem überraschenden Abstecher zum Strand nach dem Abendessen.

Wir hören oft von »spontanen« Frauen, die mit Männern nach vierundzwanzigstündiger Vorankündigung ausgehen. Wir wünschen ihnen viel Glück. Wenn ein Mann weiß, daß er bei Ihnen fünf Minuten, nachdem seine letzte Freundin ihm den Laufpaß gegeben hat, landen kann, dann ruft er Sie an, wenn er einsam ist oder sich langweilt, aber nicht etwa, weil er verrückt nach Ihnen ist. In diesem Fall gilt: Finger weg! Das ist nichts auf Dauer. Freie Geister mögen gegen unsere Ratschläge Einwände haben, aber wenn man dauerhafte Ergebnisse erzielen will, sind wir fest davon überzeugt, daß man eine Partnerschaft wie einen Job angehen sollte, mit Verhaltensregeln und Vorschriften. Genauso, wie Sie von neun bis fünf Uhr arbeiten, egal, wie Sie sich fühlen, sind wir der Meinung, daß Sie den Männern auf subtile Weise beibringen müssen, lange im voraus Pläne, Verabredungen mit Ihnen zu treffen (weil Sie ja so unnahbar, beschäftigt und unternehmungslustig sind!). Lassen Sie den Männern in einer Art Geheimcode eine Botschaft zukommen, die sie sehr wohl verstehen. Machen Sie es ihnen aber zu einfach, ziehen sie garantiert ihren Nutzen daraus, und Sie können Ihre Traumhochzeit vergessen.

Wir sind uns darüber im klaren, daß die Tage zwischen zwei Verabredungen mit dem Mann, nach dem Sie sich verzehren, lang und qualvoll sein können, aber denken Sie daran: Es ist schlimmer, jede seiner Einladungen unüberlegt anzunehmen und dadurch das Risiko einzugehen, daß Sie ihn schon bald langweilen. Wenn Sie Ihre Trümpfe richtig ausspielen, wird er zu dem Schluß gelangen, daß es nur eine Möglichkeit gibt, Sie immer dann zu sehen, wenn ihm danach ist, sogar in letzter Minute: Er muß Sie heiraten!

Regel Nummer 8

Wie man sich bei der ersten, zweiten und dritten Verabredung verhält

Wenn Sie auch nur ein bißchen wie wir sind, haben Sie bestimmt, bevor er Sie abgeholt hat, lange darüber nachgedacht, was Sie beide alles gemeinsam haben. Und Sie haben sich bereits Namen für Ihre gemeinsamen Kinder ausgedacht, noch bevor er hallo sagen konnte. Diese scheinbar harmlose Träumerei vor einer Verabredung ist gefährlich und wahrscheinlich das Schlimmste, was Sie tun können – abgesehen davon, daß Sie ihm beim Nachtisch Ihre Liebe gestehen. Solche Schwärmereien führen zu unerfüllten Sehnsüchten und unrealistischen Vorstellungen von Liebe und Leidenschaft, und diese wiederum machen Sie übermütig und lassen Sie nach dem ersten Rendezvous Dinge sagen wie: »Ich habe zwei Konzertkarten.« (Natürlich können Sie sich für seine Einladung erkenntlich zeigen, allerdings erst viel später – siehe *Regel Nummer 4*.)

Wenn Sie es irgendwie fertigbringen, denken Sie nicht an ihn, bis er da ist – bei den ersten drei Verabredungen ist das nicht nötig. Beschäftigen Sie sich bis zu der Minute, wo er Sie herausklingelt. Lassen Sie ihn bei der ersten Verabredung nicht hereinkommen, sondern treffen Sie sich mit ihm lieber vor dem Haus oder in einem Restaurant. Erzählen Sie ihm bei den ersten drei Verabredungen nicht, was Sie tagsüber alles getan haben, als würden Sie sich seit Jahren kennen, weil Sie sich davon versprechen, daß Sie das einander näherbringt. Seien Sie nicht zu ernst oder zu streng, und spielen Sie nicht das Heimchen am Herd. Erwähnen Sie nicht das Wort mit *H*, nicht einmal, um zu erzählen, daß Ihr Bruder vor kurzem geheiratet hat.

Denken Sie daran, daß Sie anders als alle anderen sind, eine schöne Frau, äußerlich und innerlich. Reden Sie sich also nicht ein, Sie müßten an einem Workshop zum Thema Liebe teilnehmen oder in letzter Minute zum Therapeuten gehen, um in guter Form zu sein. Setzen Sie sich auf keinen Fall unter Druck.

Im Grunde brauchen Sie bei den ersten drei Verabredungen nichts weiter zu tun, als einfach nur dazusein, sich zu entspannen und so zu tun, als wären Sie ein strahlend schöner Filmstar. Lesen Sie *Regel Nummer 1* noch einmal: *Seien Sie anders als alle anderen*. Seien Sie charmant und unkompliziert. Lachen Sie über seine Witze, aber übertreiben Sie es nicht. Lächeln Sie viel, und fühlen Sie sich nicht verpflichtet, das Gespräch anzukurbeln, wenn es ins Stocken gerät. Überlassen Sie ganz allgemein ihm die Arbeit –

Sie abzuholen, das Restaurant auszusuchen, Ihnen die Tür zu öffnen, Ihren Stuhl zurechtzurücken. Seien Sie so ungezwungen, als hätten Sie Verabredungen am laufenden Band und als wäre dies alles für Sie nichts Ungewöhnliches (selbst wenn Sie seit Jahren kein Rendezvous mehr hatten). Wenn Sie schon an etwas denken müssen, dann denken Sie daran, sich in derselben Woche mit einem anderen Mann zu verabreden. Sie sollten immer versuchen, mehrgleisig zu fahren, damit Sie nicht von einem einzigen Mann abhängen.

Beenden Sie das Rendezvous (vergleiche *Regel Nummer 1*), vor allem, wenn er Ihnen gefällt. Werfen Sie nach zwei Stunden (falls Sie nur etwas trinken gegangen sind) oder drei bis vier Stunden (falls Sie essen gegangen sind) einen Blick auf die Uhr, und sagen Sie mit einem Seufzen: »Ach du, das war wirklich toll, aber ich habe morgen einen anstrengenden Tag.« Sagen Sie ihm nicht, was Sie am nächsten Tag tun. Nach dem ersten Rendezvous können Sie sich einen flüchtigen Kuß auf die Wange oder die Lippen geben lassen (auch wenn Sie nach mehr hungern).

Bitten Sie ihn nach dem ersten Abend nicht in Ihre Wohnung. Schließlich ist er für Sie zu diesem Zeitpunkt noch immer ein Fremder. Mehr als die Eingangstür des Hauses, in dem Sie wohnen, sollte er nicht zu sehen kriegen. Das dient vor allem Ihrer Sicherheit. Indem Sie ihn nicht in Ihre Wohnung lassen und auch nicht mit zu ihm gehen, reduzieren Sie drastisch die Gefahr, daß Komplikationen entstehen. Dasselbe gilt für den Fall, daß Sie jemanden in einer Bar oder auf einer Party kennenlernen. Steigen Sie unter keinen Umständen zu ihm ins Auto (nicht, daß Sie in seinem Kofferraum landen!). Laden Sie ihn nicht in Ihre Wohnung ein, und gehen Sie an diesem Abend nicht mit zu ihm. Die Welt ist verrückt. Gehen Sie auf Nummer Sicher!

Verlassen Sie sich bei der zweiten Verabredung auf Ihr Urteilsvermögen. Fühlen Sie sich mit einem Mann wohl, kann er Sie beim nächsten Mal in Ihrer Wohnung abholen, und Sie können ihn nach einem gemeinsam verbrachten Abend noch auf ein Glas hereinbitten. Haben Sie jedoch Zweifel, treffen Sie sich mit ihm vor der Haustür, und verabschieden Sie sich auch dort von ihm. Spielen Sie nicht mit dem Feuer!

Uns ist bewußt, daß wir von Ihnen verlangen, gegen Ihre Gefühle zu handeln, aber Sie wollen doch heiraten, oder nicht? Einen »One-Night-Stand« kann jeder haben. Kurzum, die ersten drei Rendezvous sollten nach der Formel »Nah, aber unerreichbar« verlaufen. Ziehen Sie sich hübsch an, seien Sie nett, und dann tschüß und ab nach Hause. Nicht zuviel Gefühl, Engagement oder Herzklopfen. Wahrscheinlich fragen Sie sich, wie lange Sie das durchhalten sollen, stimmt's? Keine Sorge, es wird leichter!

Regel Nummer 9

Wie man sich bei der vierten Verabredung verhält, wenn sich die Beziehung allmählich festigt

Bei den ersten drei Verabredungen waren Sie einfach nur anwesend und charmant. Beim vierten Rendezvous dürfen Sie mehr von sich selbst preisgeben. Sie können über Ihre Gefühle sprechen, solange Sie nicht zu dick auftragen, die Therapeutin herauskehren oder in die Mutterrolle schlüpfen. Beweisen Sie Wärme, Charme und Herz. Zeigen Sie Mitgefühl, wenn sein Hund gestorben ist oder »seine« Fußballmannschaft verloren hat. Schauen Sie ihm in die Augen, und seien Sie eine aufmerksame, gute Zuhörerin, damit er weiß, daß Sie ein Mensch sind, der sich um andere kümmert – und daß Sie ihm als Frau eine Stütze wären. Nehmen Sie noch immer nicht Worte wie *Heiraten*, *Hochzeit*, *Kinder* oder *Zukunft* in den Mund. Diese Themen muß er anschneiden. Er *muß* die Führung übernehmen. Reden Sie über Dinge, die mit Ihrer Beziehung nichts zu tun haben, etwa über Ihre liebste Sportart, Fernsehshow, einen tollen Kinofilm, den Roman, den Sie gerade zu Ende gelesen haben, einen guten Artikel in der Sonntagsausgabe Ihrer Tageszeitung oder eine schöne Ausstellung, die Sie vor kurzem gesehen haben. Ihnen fällt schon etwas ein!

Sagen Sie ihm *nicht*, was Ihr Astrologe, Trainer, Psychiater oder Yogalehrer über Ihre Beziehung mit ihm denkt.

Sagen Sie ihm *nicht*, was für ein seelisches Wrack Sie waren, bevor Sie Seminare und Gurus entdeckten.

Sagen Sie ihm *nicht*, daß er der erste Mann ist, der Ihnen Respekt entgegenbringt. Er könnte Sie für eine Schlampe oder ein Flittchen halten.

Fragen Sie ihn *nicht* über seine vorherigen Beziehungen aus. Das geht Sie nichts an.

Sagen Sie *nicht* mit todernster Miene: »Wir müssen miteinander reden«, sonst kippt er Ihnen vom Barhocker.

Schütten Sie ihn *nicht* mit Ihren beruflichen Erfolgen zu. Bemühen Sie sich, *ihn* glänzen zu lassen.

Quälen Sie ihn *nicht* mit Ihren Neurosen!!

Vergessen Sie nicht: Sie müssen all diese Dinge ja nicht ewig für sich behalten. Nur in den ersten Monaten ..., bis er sagt, daß er in Sie verliebt ist. Nach und nach geben Sie sich dann so, wie Sie wirklich sind. Männer erinnern sich ihr Leben lang an den Eindruck, den Sie in den ersten Monaten auf sie gemacht haben.

Wenn Sie das nur schwer durchhalten können, beenden Sie die Verabredung zeitig, oder treffen Sie sich nicht so oft mit ihm. Wenn Sie alles zu früh herausposaunen, kann das Ihren Zielen zuwiderlaufen. Viele Frauen lernen in der Therapie, sich frühzeitig zu öffnen. Das mag für eine Therapie oder für den Umgang mit einer Freundin gelten, aber nicht für eine Verabredung. Die Regeln ermahnen uns dazu, uns langsam zu öffnen, damit wir die Männer nicht überfordern. Es ist ziemlich egoistisch und rücksichtslos, einen anderen Menschen während eines dreistündigen Rendezvous mit sämtlichen Einzelheiten aus dem eigenen Leben zu überhäufen, finden Sie nicht?

Seien Sie allerdings wiederum nicht so uneigennützig, daß Sie jede seiner Fragen beantworten, obwohl Sie sie zu persönlich finden oder ihn das fragliche Thema zu diesem Zeitpunkt noch nichts angeht. Sagen Sie ihm nichts, was Sie bereuen könnten. Manche Männer horchen Frauen gerne aus, und Frauen geben manchmal mehr preis, als sie eigentlich wollen, weil sie hoffen, die Männer durch ihre Offenbarungen fester an sich zu binden – aber danach fühlen sie sich nicht nur nackt, sondern auch hereingelegt und betrogen. Besser also, Sie quittieren eine allzu persönliche Frage mit einem Lächeln und sagen: »Oh, darüber möchte ich jetzt lieber nicht reden.«

Natürlich kann es sein, daß persönliche Dinge zur Sprache kommen. Dann passen Sie auf, was Sie ihm antworten. Fragt er Sie, wie lange Sie noch vorhaben, in Ihrer Wohnung zu wohnen, antworten Sie, daß Sie gerade den Mietvertrag verlängern. Sagen Sie zum Beispiel nicht, daß Sie darauf hoffen, bald einen Mann kennenzulernen, damit Sie mit ihm in eine größere Wohnung ziehen können, sobald Ihr Mietvertrag ausläuft. Sollte dies tatsächlich Ihre Hoffnung und Ihr Wunsch sein, behalten Sie es für sich, sonst sucht Ihr Gegenüber auf der Stelle das Weite.

Geben Sie sich unabhängig, damit er nicht das Gefühl hat, Sie erwarten von ihm, daß er sich um Sie kümmert. Das gilt für die erste Verabredung genauso wie für die fünfzigste. Als Jill mit Bruce, mit dem sie seit sechs Monaten befreundet war, ein Bett für sich kaufen ging, entschied sie sich bewußt für ein Einzel- und kein Doppelbett. Das kostete sie gewaltige Überwindung, weil sie insgeheim hoffte, daß er der Richtige war, und weil sie wußte, daß sie keine Verwendung mehr für das Bett hätte, sobald sie erst einmal verlobt waren und heirateten. Aber die Bettcouch, auf der sie bisher geschlafen hatte, war kaputtgegangen, und statt Bruce beim Bettkauf zu Rate zu ziehen und ihn zu fragen, welches Modell und welche Größe ihm am besten gefielen – was soviel geheißen hätte wie: dies ist das Bett, das wir eines Tages teilen werden –, erstand sie ein Einzelbett, als hätte sie nicht die geringste Absicht, bald zu heiraten.

Es war wichtig, Bruce beim Bettkauf nicht mit einzubeziehen, denn schließlich waren sie damals noch nicht verheiratet und wußten auch nicht, ob sie je heiraten würden. Das Einzelbett kam natürlich nicht zum Sperrmüll: Es steht nun im Gästezimmer von Jills Schwiegereltern (Bruces Eltern).

Regel Nummer 10

Treffen Sie ihn nicht öfter als ein-, zweimal die Woche

Männer verlieben sich in der Regel schneller als Frauen. Sie *entlieben* sich aber auch schneller. Anfangs wollen sie Sie zwei- oder dreimal die Woche, vielleicht sogar täglich sehen. Wenn Sie darauf eingehen und immer verfügbar sind, werden die Männer irgendwann unruhig und reizbar und rufen nach einer Weile nicht mehr an. Sie werden mitunter launisch und sagen Dinge wie: »Ich weiß auch nicht, was los ist. Ich glaube, ich habe zur Zeit einfach zuviel um die Ohren.«

Um zu verhindern, daß ein Mann allzu schnell genug von Ihnen hat, treffen Sie sich in den ersten ein, zwei Monaten nicht öfter als ein-, zweimal die Woche. Lassen Sie ihn in dem Glauben, daß Sie noch andere Dinge vorhaben und er nicht der einzige Mann ist, für den Sie sich interessieren.

Wenn wir eine Frau sagen hören, sie habe gerade den Mann ihres Lebens kennengelernt und sehe ihn jeden Tag, denken wir nur: »Oh, là, là, das kann nicht gutgehen.« Als Frau *muß* man eine Beziehung langsam angehen. Erwarten Sie das nicht von einem Mann.

Wir wissen, wie qualvoll das sein kann. Wenn Sie einen Mann kennenlernen, den Sie mögen und der Sie auch mag, ist es nur natürlich, daß Sie ihn möglichst oft sehen wollen. Sie wollen alles über ihn wissen – seine Lieblingsfarbe, seine letzten Freundschaften, was er zum Frühstück ißt, alles –, und das am besten über Nacht. Deshalb fällt es Ihnen schwer, nein zu sagen, wenn er Sie in einem Atemzug fragt, ob Sie am Samstag abend mit ihm ausgehen, ihn am Sonntag zum Brunch und am Montag zum Abendessen mit anschließendem Kino treffen möchten. Aber, meine Damen, bleiben Sie standhaft! Machen Sie es ihm nicht so einfach, Sie zu sehen. Männer mögen Sport und Spiel – Fußball, Tennis, Blackjack und Poker –, weil sie die Herausforderung lieben. Also seien Sie eine Herausforderung!

Diese Regel gilt ja nicht für immer. Nachdem Sie ihn im ersten Monat nur einmal die Woche gesehen haben, können Sie ihn im zweiten Monat ruhig zwei- bis dreimal, im dritten Monat sogar drei- bis viermal sehen. Aber nie öfter als vier- bis fünfmal die Woche, es sei denn, Sie verloben sich. Männer müssen darauf vorbereitet werden, daß sie Sie heiraten müssen, wenn sie Sie sieben Tage in der Woche sehen wollen. Bis er die erlösenden Worte spricht, müssen Sie sich darin üben, alle weiteren Verabredungen mit ihm auszuschlagen, selbst wenn Sie danach hungern, mehr Zeit mit ihm zu verbringen, und für sich längst entschieden haben: »Das ist der Richtige.«

Fragt er Sie zum Beispiel, nachdem er Sie am Ende Ihrer ersten oder zweiten Verabredung leidenschaftlich geküßt hat: »Was machst du morgen?«, antworten Sie mit honigsüßer Stimme: »Tut mir leid, morgen habe ich schon etwas vor.« Bleiben Sie auf dem Teppich, selbst wenn Ihnen der Duft seines Eau de Cologne zu Kopfe steigt. Und sagen Sie ihm natürlich nicht, was Sie vorhaben, und beziehen Sie ihn nicht in Ihre Pläne ein.

Ein Mann, der Sie liebt und Sie heiraten möchte, läßt sich von der Ein-bis-zwei-Verabredungen-die-Woche-Strategie, die Sie von Anfang an einführen, nicht abschrecken. Wir haben festgestellt, daß nur Männer, die mit Ihnen ausgehen, weil sie ihren Spaß haben wollen oder auf Sex aus sind, ärgerlich oder ungeduldig werden. Lassen Sie sich von diesen Männern nicht auf den Leim führen, wenn sie bei Ihnen den Eindruck zu erwecken versuchen, sie wollten Sie heiraten. Das passiert ständig, und wir nennen es »Standard-Verführungsprogramm«.

Bei der ersten Verabredung zeigt ein Mann dieses Schlages zum Beispiel auf ein Restaurant und sagt: »Hier hat mein Vater meiner Mutter einen Heiratsantrag gemacht«, damit Sie sich in dem Glauben wiegen, er werde sich Ihnen an diesem Ort ebenfalls eines Tages erklären. Oder er spricht von der Zukunft, indem er Andeutungen macht wie: »Im Sommer könnten wir nach Connecticut fahren, und dann gehe ich mit dir in das tolle Lokal, wo man Meeresfrüchte essen kann.« Sie sind natürlich im siebten Himmel und glauben, daß dieser Mann bereits Pläne für Ihr gemeinsames Leben schmiedet. Vielleicht stimmt es ja auch, und er ruft Sie wieder an und möchte mit Ihnen ausgehen. Aber vielleicht ist es auch nur ein Trick, um Sie bei der ersten oder zweiten Verabredung ins Bett zu kriegen.

Wenn Sie auf seine Sprüche hereinfallen und jeden Abend mit ihm ausgehen – weil Sie glauben, daß er es ernst mit Ihnen meint –, dann trifft er sich vielleicht ein paarmal mit Ihnen und geht mit Ihnen ins Bett. Aber danach ruft er Sie womöglich nie wieder an, oder, schlimmer noch, er trifft sich weiterhin mit Ihnen, aber Sie müssen mit ansehen, wie sein Interesse immer mehr nachläßt. (Eine schmerzvolle Erfahrung. Es ist wirklich schrecklich, wenn man miterleben muß, wie sich jemand »entliebt«!) Wenn Sie ein bißchen auf die Bremse treten, damit er Sie kennenlernt und sich *richtig* in Sie verliebt, wird Ihnen das nicht passieren.

Regel Nummer 11

Überstürzen Sie es mit dem Sex nicht und
noch ein paar Regeln für Intimitäten

Wann ist der richtige Zeitpunkt für den Sex? Das
hängt von Ihrem Alter und Ihren Gefühlen ab. Sind
Sie erst achtzehn und noch Jungfrau, werden Sie warten wollen, bis Sie in einer festen Beziehung leben.
Sind Sie neununddreißig, können ein, zwei Monate
Wartezeit durchaus genügen. Sind Sie allerdings strikt
gegen Sex vor der Ehe, sollten Sie warten, bis Sie verheiratet sind. Wenn er Sie liebt, wird er Ihre Entschei-
dung respektieren, egal, wie sie ausfällt.

Wundern Sie sich aber nicht, falls der Mann, mit
dem Sie ausgehen, sehr wütend wird, wenn Sie ihm
nach ihrem zweiten Rendezvous vor der Haustür
lediglich einen Kuß geben, statt ihn noch auf einen
Drink in Ihre Wohnung einzuladen. Er ist wahrscheinlich von anderen Frauen verdorben, die schon bei der
ersten oder zweiten Verabredung mit ihm geschlafen
haben, und hat nun das Gefühl, daß Sie ihm dieses
Vergnügen verweigern. Aber keine Sorge: Wut zeugt
von Interesse, und Sie werden staunen, denn er ruft
Sie mit größter Wahrscheinlichkeit wieder an!

Was aber, wenn auch Sie großen Spaß am Sex haben und es Ihnen genauso schwerfällt, sich dieses Vergnügen zu verwehren, wie ihm? Dürfen Sie dann beim ersten oder zweiten Rendezvous mit ihm schlafen? Leider heißt die Antwort trotzdem nein. Sie werden sich ein wenig in Selbstbeherrschung üben, etwas für Ihre Persönlichkeitsentwicklung tun und darauf vertrauen müssen, daß Sie es nicht bereuen werden, wenn Sie ein paar Wochen oder Monate *ohne* durchhalten. Warum riskieren, daß er Sie am nächsten Tag im Umkleideraum seinen Freunden gegenüber als leichtes Mädchen bezeichnet (und Sie auch für eins hält)? Lassen Sie ihn lieber wütend sein und sich eine Strategie zurechtlegen, wie er Sie bei der nächsten Verabredung verführt, statt sich an ein anderes Mädchen heranzumachen. Wenn Sie ihn zappeln lassen, wird das sein Verlangen nur noch steigern und die Leidenschaft schüren, wenn Sie dann endlich zu dem von Ihnen bestimmten Zeitpunkt Sex mit ihm haben.

Wir wissen, was für eine Qual es sein kann, den Sex mit jemandem hinauszuschieben, von dem Sie sich angezogen fühlen, aber Sie müssen in diesem Punkt langfristig denken. Wenn Sie Ihre Trümpfe richtig ausspielen, können Sie nach der Hochzeit für den Rest Ihres Lebens jede Nacht mit ihm Sex haben!

Sie mögen nun einwenden, daß es Ihnen nichts ausmacht, schon bei der ersten oder zweiten Verabredung mit ihm ins Bett zu gehen, selbst auf die Gefahr hin, daß er Sie danach nie wieder anruft, denn schließlich sind Sie ein erwachsener Mensch und müssen dann eben in den sauren Apfel beißen. Aus Erfahrung wissen wir jedoch, daß sich die meisten Frauen, die das behaupten, selbst etwas vormachen. Tief in ihrem Inneren läßt es ihnen doch keine Ruhe, wenn ein Mann, mit dem sie geschlafen haben, nicht mehr anruft. Jede Frau möchte, daß der Mann, mit dem sie ins Bett gegangen ist, sie wieder anruft, vorausgesetzt natürlich, sie mag ihn – und wir hoffen für sie, daß sie den Mann, mit dem sie ins Bett geht, auch mag. Alle Frauen in unserem Bekanntenkreis, die behauptet hatten, es wäre in Ordnung, wenn ein Mann nach einer Liebesnacht nicht mehr anruft, fanden es *nicht in Ordnung*, als er sich dann tatsächlich nicht mehr meldete. Wenn Sie bereits bei der zweiten Verabredung mit ihm schlafen, wissen Sie noch gar nicht, ob er ein Gentleman oder ein Schuft ist. Sie sollten da jedoch kein Risiko eingehen. Sie sollten sich sicher sein, bevor Sie Sex haben.

Nehmen wir einmal an, Sie haben eine Weile durchgehalten und sind nun soweit. Welche Regeln sollten Sie im Bett beherzigen? Zeigen Sie auf keinen Fall Ihre Gefühle, egal, wie heiß der Sex ist. Die meisten Frauen verscherzen es sich nicht nur mit den Männern, weil sie zu früh mit ihnen schlafen, sondern weil sie im Bett zuviel reden. Sie versuchen, die körperliche Nähe beim Sex auszunutzen, um eine gefühlsmäßige Nähe und Geborgenheit herzustellen und sich für die Zukunft abzusichern. Die Theorien von Masters und Johnson (die mittlerweile geschieden sind) sind zwar nicht von der Hand zu weisen, aber, bitte, warten Sie eine Weile, bevor Sie ihm lange Vorträge über Ihre Bedürfnisse beim Sex oder nach dem Sex halten. Benehmen Sie sich nicht wie ein Feldwebel auf dem Drillplatz, der von ihm dieses und jenes verlangt. Vertrauen Sie einfach darauf, daß Sie Spaß haben und Befriedigung erlangen werden, wenn Sie sich entspannen und ihn Ihren Körper wie ein unerforschtes Gelände erkunden lassen. Sie sollten im Bett nicht kompliziert und fordernd sein. Verzichten Sie auf Beiwerk wie rote Glühbirnen, Duftkerzen oder einschlägige Videos, um Ihr sexuelles Erlebnis abzurunden. Wenn Sie auf solche Dinge zurückgreifen müssen, um ihn in Stimmung zu bringen, stimmt etwas nicht. Ihn sollte allein schon die Vorstellung erregen, daß er mit Ihnen ins Bett geht.

Wenn Sie sich nach dem Sex im Bett aneinanderkuscheln, ist das nicht der richtige Zeitpunkt für Bemerkungen wie: »Soll ich dir im Schrank Platz für deine Kleider machen?« oder: »Ich leg dir eine Zahnbürste ins Badezimmer«. Reden Sie nicht vom Heiraten, von Kindern und von der Zukunft, weder im

Bett noch anderswo. Denken Sie daran, daß das *Ihre* Bedürfnisse sind, die Sie gern erfüllt sehen möchten, aber die *Regeln* geben eine Anleitung, wie man eine Beziehung selbstlos gestaltet und lebt. Wenn Männer starke Gefühle empfinden, wollen sie einfach still neben der Frau liegen, die ihnen etwas bedeutet. Frauen sind neugieriger, sie wollen Dinge wissen wie: »Was wird jetzt aus uns, nachdem wir miteinander geschlafen haben?« oder: »Was hat das zu bedeuten, was wir gerade getan haben?« Während Ihnen solche Gedanken im Kopf herumschwirren und Ihr Verlangen, diesen Mann zu besitzen, von Minute zu Minute wächst, versuchen Sie sich zu entspannen und an nichts zu denken.

Klammern Sie sich nicht an ihn, wenn er noch in derselben Nacht oder am Morgen danach weg muß. Lassen Sie sich Ihre Enttäuschung darüber, daß Ihre Zeit zu zweit vorbei ist, nicht anmerken. Wenn Sie das beherzigen, wächst die Wahrscheinlichkeit, daß er derjenige ist, der sich nicht losreißen kann. Versuchen Sie nicht, ihn zum Bleiben zu bewegen, indem Sie ihm ein Frühstück im Bett mit Brötchen und Kaffee vorschlagen. Wenn Sie das tun, wird er vermutlich ins nächste Café rennen, um dort zu frühstücken. Fangen Sie statt dessen den Tag auf Ihre übliche Weise an – bürsten Sie Ihr Haar, putzen Sie sich die Zähne, machen Sie ein paar Sit-ups und Dehnübungen, und kochen Sie Kaffee –, und es kann durchaus sein, daß er anfängt, Ihre Schultern zu massieren, Ihnen Sex am Morgen oder ein nettes Lokal zum Frühstücken vorschlägt.

Gehen Sie schon seit mehreren Wochen mit einem Mann aus, haben aber noch nicht die Absicht, mit ihm zu schlafen, sollten Sie ihm das fairerweise sagen. Führen Sie ihn nicht an der Nase herum. Was aber, wenn Sie mehr Lust auf Sex haben als er? Die Antwort lautet: Wenn Sie sich keine Blöße geben wollen, unternehmen Sie nicht den ersten Schritt. Leben Sie allerdings in einer festen Beziehung und wissen, daß er verrückt nach Ihnen ist, können Sie bei passender Gelegenheit ruhig auf spielerische Art den Anfang machen.

Und zu guter Letzt noch ein wichtiger Tip: Benutzen Sie beim Sex immer ein Kondom. Lassen Sie sich nicht breitschlagen, wenn ein Mann sagt: »Nur dieses eine Mal.«

Regel Nummer 12

Der Nächste bitte! Oder: Wie man mit einer
Enttäuschung fertig wird

Im Leben geht es nicht immer gerecht zu. Glücklicher-
weise aber bewahren die *Regeln* Sie davor, von einem
Mann unnötig verletzt zu werden. Sofern wir selb-
ständig und gut beschäftigt sind, statt nach einem
Mann zu gieren und ihm nachzulaufen, geben wir uns
nie eine Blöße.

Trotzdem können wir nicht erzwingen, daß uns ein
bestimmter Mann mag, oder verhindern, daß er uns
sitzenläßt und sich mit einer Frau trifft, die ihm besser
gefällt. Auch sind wir wehrlos, wenn eine Exfreundin
ihn zurückerobert. Wie aber verhalten wir uns, wenn
wir sitzengelassen werden?

Unsere natürliche Reaktion mag darin bestehen,
daß wir uns wie gelähmt fühlen, uns einigeln, uns
wünschen, wir wären tot, uns das Haar nicht mehr
waschen und uns nicht mehr schminken, daß wir wei-
nen, viel schlafen, uns traurige Liebeslieder anhören
und uns einreden, wir würden nie wieder einem so
perfekten Mann wie ihm begegnen. Vielleicht finden
wir Trost im Kühlschrank oder reden pausenlos mit

unseren Freundinnen über ihn. Natürlich ist so ein Verhalten lächerlich. Geben Sie sich zwei Tage, und dann auf zu neuem Glück!

Unser Rezept für verschmähte Frauen lautet: Ziehen Sie ein tolles Kleid an, tragen Sie schmeichelhaftes Make-up auf, gehen Sie zur nächstbesten Party oder zu einem Tanzabend für Singles, und sagen Sie Ihren Freundinnen, Sie seien für Blind dates zu haben. Hoffentlich haben Sie die *Regeln* bis zum Bruch mit Ihrem Freund fleißig befolgt, denn dann stehen in Ihrem Kalender bereits jede Menge anderer Verabredungen. Vergessen Sie nicht: Bis der Ring an Ihrem Finger steckt oder Sie vergeben sind – mit vergeben meinen wir, daß er ernsthaft die Absicht hat, Sie zu heiraten, und es nur eine Frage der Zeit ist, bis er die entscheidende Frage stellt, und nicht etwa, daß er nur so lange mit Ihnen zusammen ist, bis ihm eine bessere über den Weg läuft –, sollten Sie sich mit anderen Männern treffen. Nichts eignet sich besser, um einen schweren Schlag abzufedern, als die Verehrung und Aufmerksamkeit anderer Männer.

Egal, was Sie tun, verlieren Sie wegen dieses einen Mannes nicht den Kopf. Haben Sie Vertrauen, und glauben Sie an die Vielfalt dieser Welt. Halten Sie sich vor Augen, daß er nicht der einzige Mann auf Erden ist, daß es noch viele andere und darunter bestimmt einen für Sie gibt. Sprechen Sie mit Freundinnen, die ebenfalls sitzengelassen worden sind und später den Mann ihres Lebens kennengelernt haben. Sie werden Ihnen erzählen, wie froh sie jetzt darüber sind, daß sich Soundso von ihnen getrennt hat, auch wenn sie sich dessen zum damaligen Zeitpunkt nicht bewußt waren. Trösten Sie sich mit aufmunternden Sprichwörtern, etwa »Für jede Tür, die sich schließt, tut sich eine andere auf«, und anderen positiven Leitsätzen, die Ihnen einfallen.

Denken Sie daran: Frauen, die sich an die *Regeln* halten, trauern einem Mann nicht nach. Sie sagen »Sein Pech!« oder: »Der Nächste bitte!« Sie blasen nicht Trübsal. Sie zerreißen sich nicht innerlich und wünschen sich nicht, daß sie dieses oder jenes anders angepackt oder gewisse Dinge nicht gesagt hätten. Sie schreiben Männern keine Briefe, in denen sie ihnen anbieten, sich zu ändern oder alles wieder in Ordnung zu bringen. Sie rufen sie nicht an oder lassen ihnen durch Freunde Nachrichten zukommen. Sie akzeptieren, daß es vorbei ist, und finden sich damit ab. Sie vergeuden keine Zeit.

Regel Nummer 13

Beziehungen auf Distanz

1. Teil: Wie Sie anfangen sollten

In einer Beziehung, bei der zwischen beiden Partnern eine größere räumliche Distanz besteht, ergeben sich oft Probleme, die vermieden werden, wenn Sie mit einem Mann befreundet sind, der nicht so weit von Ihnen entfernt wohnt. Doch bevor wir auf die besonderen *Regeln* für solche Beziehungen zu sprechen kommen, sollten wir zunächst einmal auf die Fehler eingehen, die Frauen häufig machen, wenn sie einen Mann kennenlernen, der in einer anderen Stadt wohnt – Fehler, die vielfach verhindern, daß eine solche Beziehung auf Distanz überhaupt zustande kommt. Wie wir schon erörtert haben, hängt es von der ersten Begegnung ab – wer wen zuerst angesprochen hat, wie lange das Gespräch dauerte, wer es beendet hat –, ob sich eine Beziehung nach Maßgabe der *Regeln* entwickelt.

Betrachten wir einmal einige typische Situationen:
Bei der Hochzeit einer gemeinsamen Bekannten begegnen Sie einem Mann. Sagen wir, Sie leben in

München und er in Berlin. Er fragt Sie, ob Sie Lust hätten zu tanzen. Bis jetzt verläuft alles nach den *Regeln*! Sie finden ihn sehr sympathisch. Sie tanzen den einen Tanz mit ihm und dann den nächsten und dann noch den danach. Sie fühlen sich sehr zu ihm hingezogen, möchten gar nicht mehr von seiner Seite weichen.

Ihnen ist bewußt, daß Sie sich eigentlich jetzt verabschieden müßten, sich nach früheren Bekannten umsehen sollten, die Sie vielleicht jahrelang nicht gesehen haben, aber Sie tun es nicht. Sie sagen sich, ich und er, wir leben doch Ewigkeiten voneinander entfernt, wer weiß, ob wir uns jemals wiedersehen, also, was ist schon dabei, wenn ich die restlichen fünf Stunden des Tages mit ihm zusammenbleibe?

Er fragt Sie, ob Sie sich zum Nachtisch nicht zu ihm setzen wollen. Sie willigen ein. Dann fragt er Sie, ob Sie nicht einen Spaziergang um den Block mit ihm machen möchten. Gesagt, getan. Am Ende des Abends fragt er Sie nach Ihrer Telefonnummer, gibt Ihnen einen Kuß zum Abschied und äußert, er werde Sie in den nächsten Tagen anrufen, vielleicht sogar mal nach München kommen.

Jetzt sind Sie verliebt. Sie fahren zurück nach Hause und erzählen Ihren Freundinnen und Ihrer Mutter von diesem Mann, stellen sich vor, wie es wäre, immer mit ihm zusammen zu sein.

Aber weil Sie die *Regeln* verletzt haben, indem Sie so lange an seiner Seite geblieben sind, wird er Sie entweder niemals anrufen oder erst nach ein bis zwei Wochen, und dann auch nur, um mal hallo zu sagen, und nicht, weil er vielleicht vorhat, Sie wiederzusehen. Es könnte auch sein, daß er anruft und Sie einlädt, ihn in Berlin zu besuchen, oder daß er davon spricht, er sei demnächst sowieso geschäftlich in München und könnte bei der Gelegenheit doch mal bei Ihnen vorbeischauen. Natürlich sind Sie enttäuscht, fühlen sich gekränkt. Wieso ist er nicht ganz versessen darauf, Sie wiederzusehen? Warum setzt er sich nicht in den Zug und kommt *sofort*?

Denken Sie einmal an den Abend zurück, und denken Sie dabei an die *Regeln*. Fällt Ihnen nicht auf, wie leicht Sie es ihm gemacht haben? Sie sind geschlagene fünf Stunden mit ihm zusammen gewesen. Er hat gemerkt, daß Sie ihn gerne mögen, und damit waren Sie keine Herausforderung mehr für ihn.

Wir wollen nicht behaupten, er hätte Sie um jeden Preis angerufen und eine längerfristige Beziehung mit Ihnen angestrebt, wenn Sie ihm an diesem Abend schon bald den Rücken gekehrt oder ein paarmal dankend abgelehnt hätten, mit ihm zu tanzen. Er könnte in Berlin eine feste Freundin haben und hat sich auf der Hochzeit nur mal ein bißchen vergnügen wollen – nicht mehr, nicht weniger.

Doch indem Sie sich nicht an die *Regeln* hielten, haben Sie Ihre eigenen Chancen verschlechtert, Sie haben sich Hoffnungen gemacht, haben sich emotional mit ihm eingelassen und sind am Ende verletzt worden. Falls er sich für Sie interessierte und Sie ein wenig unnahbarer gewesen wären, hätte er vielleicht auf der Rückfahrt an Sie gedacht, Sie hätten ihm in Berlin gefehlt, und früher oder später würde er Pläne gemacht haben, Sie in München zu besuchen, selbst wenn er geschäftlich dort nichts zu tun hätte.

Wenn Sie also in Zukunft jemanden auf einer Hochzeitsfeier oder einer Party kennenlernen, den Sie vielleicht niemals mehr wiedersehen, verbringen Sie nicht den ganzen Abend an seiner Seite. Unterhalten Sie sich eine Viertelstunde oder etwas länger mit ihm, lassen Sie sich ein paarmal zum Tanz auffordern, und entschuldigen Sie sich dann damit, daß Sie auf die Toilette müßten oder noch jemandem guten Tag sagen oder sich ein bißchen unter den anderen Gästen umschauen möchten. Dann sollte er den Abend über darauf erpicht sein, Sie wieder an seine Seite zu bekommen, noch einmal mit Ihnen zu tanzen.

Verbringen Sie vier oder fünf Stunden mit einem Mann, den Sie gerade erst kennengelernt haben, findet er nichts Geheimnisvolles mehr an Ihnen, selbst wenn er es war, der Sie zuerst angesprochen hat. Fährt er dann wieder nach Hause, wird die Begegnung mit Ihnen keine besondere Bedeutung mehr für ihn haben, und er wird nicht davon träumen, Sie wiederzusehen, weil Sie zu verfügbar für ihn gewesen sind.

Dasselbe gilt, wenn Sie einen Mann auf einer Geschäftsreise kennenlernen, sagen wir einmal, bei einer Konferenz. Sie fallen ihm auf, er fängt ein Gespräch mit Ihnen an und fragt Sie, ob Sie nicht mit ihm zu Abend essen wollen, denn er würde am nächsten Morgen schon wieder abreisen. Sie sagen zu, weil Sie ihn nett finden und hoffen, damit vielleicht den Stein ins Rollen zu bringen. Sie sagen sich, daß sich Ihre Wege wahrscheinlich nie wieder kreuzen – er kommt aus Flensburg und Sie aus Nürnberg – und Sie für den Abend ohnehin noch nichts geplant hatten, außer, in Ihrem Hotelzimmer fernzusehen und sich etwas vom Pizzadienst zu bestellen.

Die den *Regeln* gemäße Antwort lautet: »Vielen Dank, aber ich habe schon etwas anderes vor.« Warum? Wenn Sie in letzter Minute noch eine Verabredung mit ihm eingehen, verpufft wieder etwas von der Herausforderung, die Sie für ihn darstellen, selbst wenn ein gemeinsames Abendessen noch so naheliegend gewesen wäre. Wenn ihm wirklich etwas an Ihnen gelegen ist, lassen Sie sich von ihm anrufen und Vorkehrungen treffen, Sie wiederzusehen. Wenn er Sie jederzeit von der Stange nehmen kann, braucht er nicht in ständiger Erwartung Ihres Wiedersehens zu leben und sich nicht sonderlich um Sie zu bemühen, und dann verfliegt rasch jedes Interesse, das er an Ihnen gehabt haben mochte.

Halten Sie uns nicht für unnötig streng in diesem Punkt. Die Erfahrung lehrt, daß der gleiche Fehler immer und immer wieder gemacht wird. Eine Frau trifft bei einer geschäftlichen Verabredung oder auf einer Party einen Mann, der ihr sagt, er sei nur ein paar Tage in der Stadt und möchte sie noch am selben Abend zum Essen ausführen. Er ist äußerst charmant, und sie glaubt, etwas Besonderes für ihn zu sein. Sie redet sich ein, sie würde etwas versäumen, wenn sie ihm den Wunsch abschlüge. Schließlich ist er doch erst einen Monat später wieder in der Stadt!

Er könnte ein Filmproduzent oder ein Werbefachmann mit Büros in Hamburg und München sein. Sie sagt zu – vielleicht ist es nur zum Abendessen, vielleicht kommt auch eine Liebesnacht mit ihm dabei heraus – und hofft, es könnte eine heiße Liebe erwachen, die die Entfernung von der Nordsee bis nach Bayern mühelos überbrückt. In Wirklichkeit wird es sich eher nicht so entwickeln. Entweder er lügt und ist noch eine ganze Woche lang in der Stadt und versucht auf diese Weise, sofort zu bekommen, was er haben will. Oder er ist verheiratet, und das ist seine Art der Anmache, wenn er von zu Hause fort ist. Es gibt Männer, die haben in jeder Stadt ein Mädchen, und Sie wollen doch keines davon werden? Ist er aber ehrlich, ungebunden und schätzt Sie wirklich sehr, müssen Sie eine Verabredung mit ihm in letzter Minute dennoch ablehnen. Sie fürchten, er könnte Sie sogleich vergessen, wenn Sie »nein« sagen. Aber Frauen, die die *Regeln* beherzigen, wissen, daß sich ein Mann um so mehr an sie erinnern wird, wenn sie ihm seinen Wunsch nicht sofort erfüllen.

Wenn Sie also das nächste Mal von einem Mann zu einem Abendessen noch am selben Tag eingeladen werden, weil er schon sehr bald wieder abreisen muß, sagen Sie: »Vielen Dank, aber ich habe schon etwas anderes ausgemacht.« Wenn er das nächste Mal in der Stadt ist, soll er Sie im voraus anrufen oder überhaupt nur um Ihretwillen kommen.

So eine Verabredung in letzter Minute strikt abzulehnen ist die einzige Art und Weise, um festzustellen, ob ein Mann sich ehrlich für Sie interessiert – und nicht nur ein paar Stunden ausfüllen will. Wenn er mehrere Tage oder bis zu seinem nächsten Besuch in der Stadt warten muß, um Sie wiederzusehen, erfährt er, was Sehnen ist. Sind seine Gefühle für Sie nur lauwarmer Natur, wird er sich nicht die Mühe machen, sich schon rechtzeitig mit Ihnen zu verabreden, und Sie vergeuden keine Zeit mit einem Mann, der Sie schon bald wieder fallenlassen würde. Wir kennen viele Frauen, die sich große Hoffnungen gemacht und dann nie wieder etwas von ihrem Weltreisenden gehört haben.

Hier noch ein anderes Beispiel für eine Beziehung auf Distanz. Sie treffen Ihren vermeintlichen Traummann am ersten Tag einer einwöchigen Urlaubsreise. Sie stammen beide aus unterschiedlichen Regionen und begegnen sich in einer Ferienanlage am Mittelmeer. Er spricht Sie zuerst an, möchte am Abend mit Ihnen ausgehen und dann die ganze Woche lang Tag und Nacht mit Ihnen zusammen sein. Warum nicht, denken Sie. Er gefällt mir. Das wird die stürmische Urlaubsromanze, von der Sie immer gelesen und geträumt haben.

In dieser Situation müssen Sie sich *zwingen*, nicht die gesamte Woche mit dem Mann zu verbringen. Gehen Sie ein- oder zweimal mit ihm zum Abendessen und zum Tanzen aus, aber geben Sie ihm ansonsten einen Korb, damit er Sie geheimnisvoll und unnahbar findet und genötigt ist, sich um Sie zu bemühen, wenn die Ferienwoche vorbei ist. Läßt er danach nichts mehr von sich hören, haben Sie wenigstens nicht sieben Tage und Nächte mit einem Mann vergeudet, der es dann doch nicht so ernst gemeint hat.

Wir wissen von Männern, die solche Kurzreisen buchen, sich dann die ganze Woche lang an die Fersen einer Frau heften, mit ihr ins Bett gehen und danach keinen Gedanken mehr an sie verschwenden – und von einem Anruf kann erst recht keine Rede sein. Die Frau glaubt, die wahre Liebe gefunden zu haben, während es dem Mann nur um eine Woche Sex, Sand und Sonne gegangen ist. Wenn Sie mehr sein wollen als bloß das Mädchen, mit dem er im Club Med ins Bett gegangen ist, vermeiden Sie es, sich öfter als ein- oder zweimal in der Woche mit ihm zu treffen, und schlafen Sie nicht mit ihm, wenn Sie sich den Kummer ersparen wollen, nie wieder ein Wort von ihm zu hören. Der klassische Fall von: »Ich liebe dich ja so sehr, Schatz, aber morgen geht's leider wieder nach Hause.«

Indem Sie sich an die *Regeln* halten, vertun Sie nicht eine ganze Woche mit jemandem, der Sie nur ausnutzen würde und gar keine ernsten Absichten hat, und sind offen für Begegnungen mit anderen Männern. Mag er Sie wirklich, meldet er sich wieder bei Ihnen und wird Sie besuchen kommen.

2. Teil: Wie Sie auf Dauer Bestand haben

Gehen wir einmal davon aus, es bestünde zwischen Ihnen und einem Mann bereits eine Beziehung auf Distanz, oder Sie strebten eine solche an. Welche *Regeln* sind zu beachten?

108

Sie rufen nicht ihn an, sondern er Sie. Er darf das auch gerne öfters tun, nur achten Sie darauf, sich nicht in stundenlange Telefonate verstricken zu lassen. Es muß auch noch etwas zu erzählen bleiben, wenn er Sie besuchen kommt! Beenden Sie das Gespräch nach fünfzehn oder zwanzig Minuten – Sie brauchen sich nicht an die Zehnminutenfrist (siehe *Regel Nummer 6*) zu halten, da es sich schließlich um ein Ferngespräch handelt –, ob er nun das Thema eines Besuches bei Ihnen anschneidet oder nicht. Möchte er Sie am Wochenende sehen, darf er nicht später als am Mittwoch anrufen. Hat er sich erst bei Ihnen gemeldet, wird es vermutlich so sein, daß er zuerst einen Besuch seinerseits bei Ihnen vorschlägt, was ja auch den Regeln entspricht. Sagt er aber: »Warum kommst du nicht mal nach Berlin? Ich zeige dir den Ku'damm?«, oder er verlangt von Ihnen, daß Sie sich irgendwo auf halber Strecke treffen, sagen Sie: »Das hört sich wirklich interessant an, aber ich bin im Augenblick total im Streß und komme ganz bestimmt nicht so schnell weg.« Lassen Sie sich gar nicht erst auf irgendwelche Erklärungen ein, was Ihnen denn im Moment gerade so einen Streß bereite und warum Sie jetzt nicht wegkönnten. Sagen Sie einfach freundlich ab, und er wird merken, daß er es ist, der Sie besuchen muß.

Wenn er sich nicht auf die Reise machen will, liegt

ihm auch nicht soviel an Ihnen. Denken Sie daran, daß Männer stundenlange Fahrten auf sich nehmen, um ein Fußballspiel zu sehen oder eine Ausstellung zu besuchen, die sie interessiert, also ist es durchaus nicht zuviel verlangt, auch mal ein paar Stunden zu opfern, um zu Ihnen zu kommen. Besser, Sie sehen ihn nie wieder, als ihn zu besuchen oder ihm auf halber Strecke entgegenzukommen. Beides läuft auf das gleiche hinaus, und in der frühen Phase einer Beziehung verstößt das gegen die *Regeln*. Warten Sie, bis er dreimal bei Ihnen gewesen ist, ehe Sie sich auf die Reise zu ihm machen oder ihn auf halber Strecke treffen, und lassen Sie das auch danach nicht zur Gewohnheit werden.

Natürlich reden sich manche Frauen ein, einem Mann ohne einen vorhergegangenen Besuch seinerseits in eine andere Stadt nachzureisen, sei doch ein triftiger Grund, mal aus dem Alltagstrott rauszukommen – seit Jahren haben sie sich keinen Ausflug mehr gegönnt! Wozu haben sie denn ihr eigenes Auto oder die von der Firma gestellte Bahncard? Ja, es ist natürlich schön, mal für wenig Geld mit der Bahn durchs halbe Land zu fahren, aber es entspricht nicht den *Regeln*!

Andere sagen sich, so eine Reise wäre doch eine feine Gelegenheit, eine Freundin oder Verwandte zu besuchen. Bitte bemühen Sie sich nicht, Vorwände dafür zu finden, in die Stadt zu fahren, in der er lebt. Haben Sie einen wirklich guten Grund, in die bewußte Stadt zu reisen – etwa, weil Sie beruflich dort hin müssen oder Ihre Schwester ihr erstes Kind bekommen hat –, erzählen Sie ihm nichts davon, bis er Sie gezielt fragt, ob Sie nicht zufällig mal was in seiner Gegend zu tun hätten. Und wenn er Sie fragt und Sie ihn in Ihre Pläne einweihen, versetzen Sie ihn nicht gleich in den Glauben, Sie würden auf jeden Fall auch ihn besuchen kommen. Er muß Sie schon bei Ihrem Hotel oder beim Haus Ihrer Schwester abholen, wenn er Sie sehen möchte.

Reisen Sie zu ihm, bevor er sich dreimal auf den Weg zu Ihnen gemacht hat, verlieren Sie Ihren Reiz für ihn, er hält Sie nicht für unnahbar und macht sich keine Mühe mehr, Ihnen näherzukommen. Selbst wenn er sich anfangs zu Ihnen hingezogen gefühlt hat, wird er von nun an erwarten, daß Sie jedesmal angerannt kommen, wenn er ruft. Er wird kurz vor dem Wochenende mit Ihnen telefonieren, vorgeben, er wäre zu beschäftigt, um zu verreisen, und Sie bitten, doch noch dieses eine Mal die Mühe auf sich zu nehmen. Er könnte sogar behaupten, so viel zu tun zu haben, daß er Sie nicht einmal vom Bahnhof abholen kann, und bald werden die Wogen des Stresses so über seinem Kopf zusammenschlagen, daß er sich überhaupt nicht mehr mit Ihnen treffen kann, obwohl Sie es ihm schon von sich aus anbieten, sich wieder auf die Reise zu machen. Sobald Sie anfangen, die *Regeln* zu brechen, löst sich auch eine vielversprechende Beziehung rasch in Wohlgefallen auf.

Wir haben von Frauen gehört, denen ihre millionenschweren Bekannten sogar ein Flugticket schenken, damit sie sie besuchen kommen. Diese Frauen fühlen sich natürlich sehr geschmeichelt und glauben, sie hätten das große Los gezogen. Unser Rat war auch in diesem Fall jedesmal, höflich abzulehnen. Selbst wenn er die Millionen nur so scheffelt und Sie mit Ihrem Sekretärinnengehalt gerade eben auskommen, sagen Sie: »Vielen Dank, aber dieses Wochenende kann ich wirklich nicht weg.« Denn es geht nämlich darum, daß *er* Sie besuchen kommt, daß *er* sich der Mühe unterzieht, seinen Koffer zu packen, seinen Terminplan auf Sie einzustellen, notfalls auch auf das Pokalspiel seiner Lieblingsmannschaft verzichtet. Seine Sekretärin telefonieren zu lassen, um seine Termine zu vereinbaren, ist leicht. Er braucht sich nicht anzustrengen und hat am Wochenende Gesellschaft und vielleicht sogar ein bißchen Sex nebenbei. Sie aber müssen jemanden besorgen, der auf Ihren Hund aufpaßt, sitzen stundenlang im Zug, müssen Ihren gewohnten Lebensrhythmus unterbrechen. Frauen, die sich nach den *Regeln* richten, vollführen keinen Kopfstand, nur um sich ein teures Essen oder ein lustiges Wochenende zu ergattern. Sie warten auf die wahre Liebe!

Also lassen Sie sich nicht von einem Flugticket, einer Flasche Dom Pérignon oder einem Chauffeur, der Sie am Flughafen abholt, einwickeln. Sie könnten die erste Frau sein, von der er einen Korb bekommt. Keine Sorge. Liebt er Sie wirklich, wird *er* es sein, der bald angerannt kommen wird! Nun mal angenommen, er kommt wirklich. Auf welche *Regeln* müssen Sie achten?

Bei seinen ersten drei Besuchen sollte er nicht über Nacht bleiben. Möchte er es trotzdem, sagen Sie: »Nicht so gern. Wir kennen uns noch nicht lange genug.« Es muß auch ihm überlassen sein, sich eine Übernachtungsgelegenheit zu suchen – in einem Hotel, einer Pension oder bei Bekannten. Das ist nicht Ihr Problem. Denken Sie immer daran, daß die ersten drei Besuche nicht mehr sind als drei abendliche Verabredungen ... Und nach drei Abenden gehen wir noch nicht mit einem Mann ins Bett oder lassen ihn in unserer Wohnung schlafen. Am dritten Abend könnten Sie ihn zum Schluß noch auf einen Kaffee zu sich nach oben bitten, aber er muß gegangen sein, ehe der Morgen graut. Daß er extra angereist gekommen ist, um Sie zu sehen, ändert daran nichts! Ein weiterer Grund, einen Mann in der Frühphase der Beziehung nicht bei sich übernachten zu lassen: Er mag ja nur zu bereit sein, sich ins Flugzeug zu setzen, um Sie zu besuchen, aber möglicherweise nicht aus dem Grund, den Sie sich vorstellen. Vor solchen Herren sollten Sie sich in acht nehmen! Sie wollen sich ein flottes Wochenende machen und sich eine andere Stadt ansehen, aber *Sie* sind dabei nicht die Hauptattraktion, sondern nur eine angenehme Nebensache. Indem Sie ihn bitten, im Hotel zu übernachten, vermeiden Sie solche unverbindlichen Bekanntschaften mit Männern, die eben mal anrufen, wenn sie gerade in der Stadt sind. Sie sind weder ein Hotel noch eine Touristenattraktion. Selbstverständlich bleibt es Ihnen überlassen, einen Mann jederzeit mit zu sich in die Wohnung zu nehmen, um zu sehen, was dabei herauskommt. Träumen Sie aber von Liebe und Erfüllung, müssen Sie sich an die *Regeln* halten!

Bei seinen ersten drei Besuchen sollten Sie ihm weniger von Ihrer Zeit zur Verfügung stellen, als er sich wünscht. Schlägt er zum Beispiel vor, am Freitag abend anzureisen und am Sonntag abend wieder abzufahren, sagen Sie, es wäre Ihnen lieber, wenn er erst am Samstag vormittag käme, und beenden das gemeinsame Wochenende schon Sonntag nachmittag.

Sagen Sie nicht alles ab, was ansonsten Ihr Wochenende ausfüllt, nur um jede Minute mit ihm verbringen zu können. Gehen Sie normalerweise am Samstag nachmittag in den Fitneßclub, lassen Sie es auch diesmal nicht ausfallen. Er soll sich inzwischen selber beschäftigen und warten, bis Sie wieder da sind.

Lassen Sie nicht alles stehen und liegen, nur weil er in der Stadt ist. Sie haben ja die *Regeln*, und Sie hatten Ihr eigenes Leben, bevor er da war, und haben es noch! Auch für ihn ist es gar nicht schlecht, wenn Sie am Wochenende noch eine andere Verabredung außer ihm haben. Er soll mit dem Gefühl abreisen, nicht genug von Ihnen bekommen zu haben anstatt zuviel.

Spielen Sie nicht die Fremdenführerin, wenn er Sie besuchen kommt. Es muß an ihm sein, sich nach Restaurants, Museen, sonstigen Sehenswürdigkeiten und besonderen Veranstaltungen an diesem Wochenende umzuschauen, die er mit Ihnen besuchen kann. Sollte er sich allerdings in Ihrer Stadt nicht auskennen, dürfen Sie Vorschläge machen, aber mit Bedacht! Wenn er Sie fragt, in welches Restaurant Sie mit ihm gehen möchten, wählen Sie nicht das romantische Lokal mit Kerzenschein und Kuschelecken, sondern eines, das Sie auch mit einer Freundin oder einer Kollegin aus dem Betrieb aufsuchen würden. Versuchen Sie nicht zu angestrengt, sich Aktivitäten einfallen zu lassen, damit er sich gut unterhalten fühlt und sich nicht langweilt. Überlassen Sie es ihm, sich den Veranstaltungskalender aus der Zeitung zu schnappen und etwas auszusuchen, oder machen Sie nach seiner Ankunft gemeinsam Pläne. Vergessen Sie nicht, daß er denken soll, Sie seien zu beschäftigt gewesen, um den Ablauf des Wochenendes im voraus zu planen – selbst wenn Sie die ganze Woche über an nichts anderes gedacht haben.

Frauen neigen dazu, zu sehr über den Mann und das Wochenende mit ihm nachzudenken und jeden Einfall sofort in die Tat umsetzen zu wollen. Sie reservieren einen Tisch beim Mexikaner, weil Sie sich plötzlich daran erinnern, daß er ja scharf gewürzte Speisen bevorzugt. Sie besorgen Eintrittskarten für die Sportwagenausstellung, weil er ja Autofan ist. Vielleicht bleiben Ihre Bemühungen nicht unbemerkt – aber der Schuß könnte nach hinten losgehen. Er weiß, daß Sie ihm eine Freude machen wollten, weil Sie ihn mögen, daß Sie sich alles gemerkt haben, was er Ihnen je über sich erzählt hat, daß Sie sich die ganze Woche lang auf seinen Besuch gefreut haben und das Wochenende mit ihm perfekt durchplanen wollten. Aber er wird sich auch erstickt fühlen, und Sie wundern sich dann, wieso er sich nicht wieder meldet.

Ist er dreimal bei Ihnen zu Besuch gewesen, können Sie auch ihn besuchen und in seiner Wohnung übernachten, wenn er Sie dazu einlädt. Und wer kommt für die Reisekosten auf? Das hängt von den Umständen ab. Bietet er an, etwas dazu beizusteuern, lehnen Sie es nicht ab. Tut er das nicht, fragen Sie ihn auch nicht danach, aber lassen Sie ihn alles bezahlen, solange Sie bei ihm zu Besuch sind. Keine Angst – indem Sie sich an die *Regeln* halten, ihn also nur in unregelmäßigen Abständen besuchen, halten Sie Ihre Ausgaben für die Reise ganz von selbst gering. Fahren Sie andererseits aber auch nicht zu oft zu ihm, nur weil er anbietet, Ihnen das Geld für die Fahrkarte zu erstatten. In den *Regeln* geht es darum, ihn für Sie einzunehmen, und nicht darum, Geld zu sparen.

Haben Sie in der Stadt, in der er wohnt, Freunde oder Verwandte, wäre es eine gute Idee, sie anzurufen und ein kurzes Treffen mit ihnen zu vereinbaren, damit Sie nicht das ganze Wochenende mit ihm zusammen sind und er Ihrer nicht überdrüssig wird. Bestimmen Sie, wann Sie wieder abfahren.

Wenn Sie eine Beziehung auf Distanz eingehen, berechtigt Sie das nicht automatisch, dem Mann Briefe und Grußkarten zu schicken. Sie sind schließlich keine Brieffreunde. Handelt es sich um eine auf Dauer angelegte Beziehung, können Sie ihm zum Geburtstag oder aus dem Urlaub eine Karte schicken, vorausgesetzt, er tut das gleiche. Diese Karten sollten herzlich, aber nicht kitschig sein. Bitte keine Liebesgedichte.

Entwickelt sich die Beziehung vielversprechend – er ruft Sie jede Woche an, um sich für das Wochenende mit Ihnen zu verabreden, er kommt öfter zu Ihnen als Sie zu ihm, er legt Wert darauf, der einzige Mann in Ihrem Leben zu sein, dann befinden Sie sich in einer Beziehung auf Distanz nach der Vorgabe der *Regeln*. Ist dies nicht der Fall, halten Sie sich auch für andere Bekanntschaften offen.

Wird es ernst, könnte er auf die Zukunft zu sprechen kommen und Sie fragen, ob Sie je daran gedacht hätten, den Wohnort zu wechseln. »Darüber habe ich überhaupt noch nicht nachgedacht«, sollte Ihre Antwort lauten. Bleiben Sie unverbindlich, bis er Sie ernsthaft fragt, ob Sie ihn heiraten wollen, oder Verlobungsringe besorgt. Es gibt keinen Grund, sich nach einem Nachmieter, einer neuen Wohnung oder einer neuen Stelle umzusehen, solange nicht ein ehrlich gemeintes Angebot von seiner Seite vorliegt.

Ja, an einen Umzug sollten Sie überhaupt erst denken, sobald ein ungefährer Termin für die Hochzeit feststeht. Frauen, die die Regeln beherzigen, ziehen nicht vor der Ehe mit einem Mann zusammen und machen auch vor der Hochzeitsreise keine Kurztrips mit ihm. Bis ein Termin ins Auge gefaßt ist, versuchen Sie, ihn nur an den Wochenenden zu sehen.

Haben Sie bereits eine solche Beziehung auf Distanz aufgebaut, bis jetzt aber noch nichts von den *Regeln* gewußt, halten Sie sich von jetzt ab sehr streng daran. Rufen Sie ihn nicht an, warten Sie, bis er von sich hören läßt. Beenden Sie das Gespräch nach einer Viertelstunde oder zwanzig Minuten. Wenn er es bisher gewohnt war, daß Sie ihn immer besuchen, sorgen Sie dafür, daß es von nun an umgekehrt ist. Schützt er vor, zuviel zu tun zu haben, behaupten Sie das gleiche von sich. Dann werden Sie ihm fehlen, er wird sich fragen, was mit Ihnen los ist, und Wege und Mittel suchen, in Ihrer Nähe zu sein – falls er wirklich an Ihnen interessiert ist –, und Sie schließlich heiraten!

Kapitel V

Vorsicht! Umtausch ausgeschlossen! Wie Sie die Spreu vom Weizen trennen

In den *Regeln* steht nichts davon, daß Sie den Erstbesten heiraten sollen, der Ihnen gefällt, der sich spätestens am Mittwoch für Samstag mit Ihnen verabredet und der Ihnen Blumen mitbringt.

Nein, es geht darum, daß Sie Ihren persönlichen Traummann finden – den Mann, den Sie lieben und dessen Charaktereigenschaften Sie bewundern und teilen können. Liebe mag zwar blind machen, aber wenn Sie die *Regeln* anwenden, sind Sie zumindest nicht dumm! Außerdem sollten Sie sein Verhalten in unterschiedlichen Situationen beobachten, um dann zu entscheiden, ob er der Richtige für Sie ist. Es wäre zum Beispiel gut, sich eine Art Tagebuch zuzulegen, um die mit ihm gemachten Erfahrungen auch später noch nachvollziehen zu können. Ist er ein Mann, der zu seinem Wort steht, oder verspricht er nur das Blaue vom Himmel? Redet er schlecht von anderen Menschen oder erzählt Schauergeschichten aus früheren Beziehungen? Hält er sein Geld zusammen, wenn Sie ausgehen? Mäkelt er an Ihnen herum? Trinkt oder

raucht er zuviel? Benimmt er sich herablassend gegenüber der Bedienung im Restaurant? Falls einer von
Ihnen beiden schon einmal verheiratet war – wie
ist sein Verhältnis zu seinen oder Ihren Kindern? Es
fällt nicht schwer, gewisse Eigenheiten zu ignorieren,
aber wenn Sie alles schwarz auf weiß aufgeschrieben
haben, erkennen Sie immer wiederkehrende Verhal-
tensmuster und können sich nicht mehr in die eigene
Tasche lügen oder alles unter den Teppich kehren.
Gehen Sie keine Ehe ein mit der Vorstellung, Sie würden ihm seine störenden Angewohnheiten schon noch
austreiben – so leicht ändern sich die Menschen nicht.
Wir sind davon überzeugt, daß alles, was Ihnen an
dem Mann nicht gefällt, schon vor der Ehe angelegt
gewesen war – Sie haben nur nicht ernsthaft genug
darüber nachgedacht oder haben sich eingeredet, es
sei nicht so schlimm.

Eine Frau, von der wir wußten, daß sie sich genau
an die *Regeln* hielt, rief eines Tages an, um uns zu
berichten, ihr Traummann habe ihr einen Heiratsantrag gemacht. Zuerst waren wir hocherfreut, aber
wir wurden mißtrauisch, als wir hörten, daß seitdem
sechs Monate ins Land gegangen waren und er sich
immer noch nicht auf einen Termin für die Hochzeit
festlegen mochte. Auch die Frau hatte das Gefühl,
daß da irgendwas nicht stimmte, wollte diesen Mann
aber unbedingt heiraten. Wir rieten ihr, ein bestimm-

tes Datum festzusetzen und keinen Widerspruch zu dulden. Als sie das tat, gestand er, wieder mit seiner früheren Freundin zusammen zu sein. Beschleicht Sie die Ahnung, daß mit einem Mann etwas nicht stimmt, ist das wahrscheinlich auch so! Sie wollen doch später nichts bereuen, also müssen Sie jetzt gut aufpassen. Frauen, die sich an die *Regeln* halten, schlafen nicht am Steuer!

Nein, solche Frauen werden sehr aktiv, wenn es darum geht, den Mann fürs Leben auszusuchen. Auf den ersten Blick scheint es, als würden die *Regeln* der Frau eine eher passive Rolle zuweisen – sie muß warten, bis er sie anruft, sie dann einlädt und sie abholt, ihm also die Führung überlassen. Eine gewisse Zeitlang muß das leider so sein. Aber die *Regeln* helfen der Frau auch, letztendlich den Charakter und das Verhalten des Mannes einschätzen zu lernen. Hat er zur vereinbarten Zeit angerufen? Hat er an ihren Geburtstag gedacht? Die Frau, die nach den *Regeln* lebt, beobachtet sorgfältig ihren Partner und hält ihre Wahrnehmungen schriftlich fest. Das ist ein durchaus aktiver Anteil an dem Prozeß des Kennenlernens. Als wir Ihnen für die ersten Verabredungen nahelegten, sich ein wenig geheimnisvoll zu geben, sich wie eine Dame zu benehmen, die Beine übereinanderzuschlagen, zu lächeln und nicht zuviel zu reden, haben wir damit nicht gemeint, daß Sie dabei den Verstand ausschalten sollen! Es gibt zwei Gründe dafür, sich anfangs zurückzuhalten:

1. damit Sie ihm nicht gleich als erstes Ihre ganze Lebensgeschichte verraten und es hinterher bereuen, und, nicht minder wichtig,

2. damit Sie *zuhören* können. Je mehr Sie ihm das Reden überlassen, um so weniger Hinweise darauf, ob er der Richtige für Sie ist, entgehen Ihnen.

Gelegentlich ist eine Frau so versessen darauf, einen Mann zu heiraten, der ihr gefällt – einen Mann, der, dank der *Regeln*, auch richtig um sie wirbt –, daß sie gewisse Züge, die ihr an ihm nicht gefallen, einfach nicht wahrnehmen will. Sie hofft, daß Liebe und Ehe das mit der Zeit schon wettmachen werden. Könnte sein, könnte aber auch nicht sein, ist unsere Meinung dazu. Es stimmt schon, daß manche richtigen Machos von ihrem Gehabe ablassen, wenn sie eine Frau kennenlernen, die nach den *Regeln* lebt, und ganz begeistert die Windeln wechseln, wenn erstmal ein Kind da ist. Aber wir sagen auch: Gekauft wie besehen. Verlassen Sie sich also nicht darauf, daß sich später alles zum Besseren wendet. Betrachten wir einmal einige Zwickmühlen, in die Sie geraten könnten:

Zwickmühle Nr. 1: Es verblüfft – und beeindruckt – Sie, welche Mengen Alkohol er wegstecken kann, ohne daß man ihm etwas anmerkt, und Sie finden es kultiviert, wie er in einem gemütlichen Restaurant mit

Kennerblick die beste Flasche Wein aussucht. Aber wenn Sie jetzt daran zurückdenken, fällt Ihnen ein, daß Sie ja fast nur Mineralwasser zum Essen trinken und er freudevoll beinahe die ganze Flasche leeren darf.

Vorsicht: Liebe ändert nichts daran, wenn ein Mann zuviel trinkt. Und ein starker Hang zum Alkohol ist alles andere als ein kultivierter Zug, wenn Sie Kinder zu versorgen haben und er das Geld für Drinks hinauswirft oder wenn Sie nach jeder Party wie selbstverständlich diejenige sind, die fahren muß. Finden Sie, daß er zuviel trinkt, heiraten Sie ihn erst, wenn er versprochen hat, damit aufzuhören – notfalls auch mit professioneller Hilfe –, und sich mindestens ein Jahr lang an dieses Versprechen gehalten hat. Das ist gut für ihn und gut für Sie.

Zwickmühle Nr. 2: Sie glauben, den Mann fürs Leben gefunden zu haben – nur vergräbt er sich an den Abenden und sogar am Wochenende lieber hinter der Zeitung oder sitzt am Computer, anstatt zärtlich zu Ihnen zu sein. Wenn Sie jetzt darüber nachdenken, fällt Ihnen ein, daß er für Ihre Bedürfnisse immer ein wenig zu leidenschaftslos gewesen ist. Sie hätten ihn sich etwas heißblütiger gewünscht, nicht so vergeistigt.

Vorsicht: Ist die Erfüllung durch Liebe und Leidenschaft für Sie wichtig, kann das ein Problem in Ihrer Ehe werden.

Zwickmühle Nr. 3: Er sieht sehr gut aus, ist sympathisch, und es macht mächtig viel Spaß, mit ihm zusammen zu sein, aber er ist nicht so intellektuell, wie Sie ihn gerne hätten. Sie lesen dicke Bücher, neigen dazu, die Dinge analytisch zu betrachten, und befassen sich mit Yoga und Meditation. Er mag Sportarten wie Tennis und Basketball. Sie wünschen sich tiefsinnige Gespräche, er ist mehr der pragmatische Typ.

Vorsicht: Legen Sie Wert auf geistige Kommunikation mit Ihrem Partner, kann das zum Problem werden. Sie müssen darauf vorbereitet sein, daß er Sie zum Frühstück ruft oder mit Ihnen auf den Tennisplatz will, wenn Sie gerade mitten in Ihren Yogaübungen oder beim Meditieren sind.

Zwickmühle Nr. 4: Er ist der reinste Wirbelwind. Er ruft Sie Tag und Nacht an und fragt Sie schon nach sechs Wochen, ob sie beide nicht heiraten wollen. Sie finden das alles sehr aufregend, aber er ist Ihnen ein bißchen zu impulsiv.

Vorsicht: Lassen Sie sich nicht dazu verleiten, sich seinem Tempo anzupassen, es könnte ein böses Erwachen geben. Sie müssen die Bremse ziehen, sich die Zeit erlauben, sein Verhalten in vielen verschiedenen Situationen zu beobachten, ehe Sie einen so ernsten Schritt wagen. Sonst finden Sie erst nach der Eheschließung heraus, daß er ein Frauenheld oder ein Spieler und dazu noch emotional unreif ist, in finanziellen Schwierigkeiten steckt oder Dreck am Stecken hat. Aber dann ist es zu spät.

Zwickmühle Nr. 5: Er ist ein schneidiger Charmeur, aber auch ein Mann mit zwei Gesichtern. Sie haben miterlebt, wie er seine Eltern, seine Freunde, selbst seine Geschäftspartner anschreit.

Vorsicht: Er könnte eines Tages auch Sie anschreien oder brutal zu Ihnen oder Ihren Kindern sein.

Zwickmühle Nr. 6: Er liebt Sie, aber Ihre Freundinnen, Ihre Familie und jeder Mann, der freundlich zu Ihnen ist, sind ihm ein Dorn im Auge. Er wird immer gleich wütend, wenn Sie ihm nicht über jeden Ihrer Schritte Rechenschaft ablegen und ihn nicht in alles mit einbeziehen.

Vorsicht: Es ist schmeichelhaft, so sehr im Zentrum des Interesses zu stehen, aber bereiten Sie sich auf Streitigkeiten vor, wenn Sie Ihr Leben so leben wollen wie jeder andere auch, ohne daß er ständig dabei ist.

Manchmal ist das Problem nicht im Charakter des Mannes begründet, sondern tritt nur unter bestimmten Umständen auf, wie im nächsten Beispiel.

Zwickmühle Nr. 7: Sie lieben ihn, aber er ist wesentlich älter als Sie, geschieden und pflichttreuer Vater zweier Töchter. Sie hatten nie viel Sinn für Kinder, erst recht nicht für Stiefkinder.

Vorsicht: Sie könnten wegen der Zeit, die er seinen

Töchtern widmet und die Ihrer Beziehung verlorengeht, eine Abneigung gegen seine Töchter entwickeln, und Sie könnten sich über die Unterhaltsleistungen ärgern, die er seiner Exfrau zahlen muß. Manchmal hat das Problem aber gar nichts mit ihm zu tun, sondern mit Ihnen.

Zwickmühle Nr. 8: Sie lieben ihn, aber, um ehrlich zu sein, Sie würden ihn nicht heiraten, wenn er nicht soviel Geld hätte.

Vorsicht: Was wird, wenn seine Geschäfte schlechter laufen und er Ihnen keinen teuren Schmuck und keinen Pelzmantel mehr kaufen kann? Wenn Sie selber wieder zu arbeiten anfangen müssen?

In allen oben aufgeführten Situationen sagen wir nicht: Lassen Sie die Finger von ihm! Wir raten nur, mit offenen Augen in die Ehe zu gehen. Seien Sie ehrlich mit sich selbst. Überprüfen Sie Ihre Motive! Frauen, die sich an die *Regeln* halten, heiraten nicht um jeden Preis.

Wenn Sie später nichts bereuen wollen, denken Sie zweimal darüber nach, ehe Sie wegen Geldes und Einflusses heiraten, es sei denn, Sie können auch ohne das alles gut leben. Denken Sie auch zweimal darüber nach, ob Sie heiraten sollen, um es Ihrem geschiedenen Mann heimzuzahlen, der Sie wegen einer Jüngeren verlassen hat oder weil es ihm bei Ihnen beiden zu

Hause nicht mehr gefiel, und denken Sie auch zwei-mal darüber nach, ob Sie jemanden heiraten wollen, bloß weil Sie sich Kinder wünschen.

Apropos Kinder: Das Thema sollten Sie mit Ihrem Zukünftigen schon *vor* der Ehe besprochen haben.

Es ist nicht immer leicht, sicherzugehen, daß Sie auch den richtigen Mann fürs Leben heiraten, aber indem Sie sich an die *Regeln* halten, trennen Sie zumindest die Spreu vom Weizen und sieben alle fal-schen aus.

Ein Mann, der Sie nur wegen Sex und Geldes heira-ten will oder um sich ein bequemes Leben zu machen, verliert augenblicklich das Interesse an Ihnen, sowie Sie nicht sofort bereit sind, mit ihm ins Bett zu gehen, ihn finanziell zu unterstützen, und nicht immer für ihn da sind, wann und wo es ihm gefällt.

Einem Mann muß *ernsthaft an Ihnen gelegen sein*, damit er Sie rechtzeitig in der Woche anruft (und zwar jede Woche), Pläne für Sie beide macht, Sie zu Hause abholt und geduldig wartet, bis Sie soweit sind, mit ihm zu schlafen. Der *Falsche* wird sich nicht dem Regiment der *Regeln* unterwerfen und sich lieber eine Frau suchen, die keinen so hohen Standard pflegt.

Während Sie sich also tapfer nach den *Regeln* rich-ten, beobachten, notieren Sie, denken Sie nach: *Ist er der Richtige für mich?* Nehmen Sie eine aktive Rolle ein. Ihr dauerhaftes Glück ist gewiß die Mühe wert.